W0086295

Gioacchino Rossini

mit Selbstzeugnissen
und Bilddokumenten
dargestellt von
Volker Scherliess

ro
ro
ro

Rowohlt

Dem Andenken meines Freundes Dirk Kocks (1947–1986)
in Erinnerung an die gemeinsame Studienzeit in Italien

Dieser Band wurde eigens für «rowohlts monographien» geschrieben
Den Anhang besorgte der Autor
Herausgeber: Wolfgang Müller
Redaktionassistenz: Katrin Finkemeier
Umschlaggestaltung: Walter Hellmann
Vorderseite: Rossini, um 1856
(Bibliothèque Nationale, Paris. Foto: Nadar)
Rückseite: «Il barbiere di Siviglia». Mit Maria Callas als Rosina
und Tito Gobbi als Figaro (Cover einer Aufnahme mit dem
Philharmonia Orchestra, London, unter der Leitung von
Alceo Galliera im November 1957. Foto: St. Clair-Zanton)

Veröffentlicht im Rowohlt Taschenbuch Verlag GmbH,
Reinbek bei Hamburg, April 1991
Copyright © 1991 by Rowohlt Taschenbuch Verlag GmbH,
Reinbek bei Hamburg
Alle Rechte an dieser Ausgabe vorbehalten
Satz Times (Linotronic 500)
Gesamtherstellung Clausen & Bosse, Leck
Printed in Germany
1090-ISBN 3 499 50476 6

2. Auflage. 9.–11. Tausend November 1993

Inhalt

Einführung 7

Jugend und erste Erfolge 14

Die Oper 26

«Weltherrscher der Musik» 45

«Figaro hier, Figaro da...» 55

Auf dem Weg zum Musikdrama 69

Paris und die späten Jahre 78

Kirchenmusik 94

Sünden des Alters – Ruhm und Nachruhm 107

Anmerkungen 129

Zeittafel 135

Zeugnisse 141

Werkverzeichnis 144

Bibliographie 150

Rossinis Musik auf Schallplatten 154

Namenregister 158

Über den Autor 160

Quellennachweis der Abbildungen 160

Rossini, 1824. Zeichnung von Sir Thomas Lawrence

Einführung

Keine Saison vergeht, in der nicht von einer wiederentdeckten Oper oder einer bedeutenden Inszenierung berichtet wird. Schallplattenproduktionen machen uns mit lange vergessenen Werken bekannt und stellen die altvertrauten in neuer Starbesetzung vor. Langsam wird seine Kirchenmusik auch von deutschen Hörern ernst genommen, und mancher Pianist nimmt eines der späten, oft kauzig-experimentellen Klavierstücke in sein Programm auf. Es gibt keinen Zweifel: Gioacchino Rossini erlebt gegenwärtig eine Renaissance auf breiter Ebene.

Entdeckerfreude hat Musikwissenschaftler, praktische Musiker und Theaterleute in gleicher Weise beflügelt; und die Mühe lohnt sich – man denke nur an eine Oper wie *Il viaggio a Reims*, die anderthalb Jahrhunderte verschollen war, oder an den *Mosè*, der zwar in den Musikgeschichten immer wieder als historischer Meilenstein erwähnt wurde, aber bis vor kurzem selbst Opernfreunden kaum mehr als ein Name war. Jahrzehntelang war Rossini mit zwei, drei sogenannten «Spielopern» im Repertoire vertreten, die meist vom zweiten Kapellmeister dirigiert wurden. Das Bild hat sich gewandelt. Heute fordert eine Rossini-Aufführung die ersten Kräfte an den großen Bühnen heraus. Man denke an einen Dirigenten wie Claudio Abbado oder eine Sängerin wie Marylin Horne, die – neben vielen anderen Sängern, Dirigenten, Regisseuren – seit über zwanzig Jahren zu den Protagonisten der Rossini-Renaissance gehören. Um bei dem einen Beispiel zu bleiben: Eine Produktion wie Abbados *Il viaggio a Reims* (Pesaro, Rossini-Festival 1984, später Wiener Staatsoper), zu der nicht weniger als ein Dutzend veritabler Primadonnen und Primi Uomini benötigt werden, hätte zwanzig Jahre zuvor sicherlich nicht realisiert werden können. Dazu war erst die systematische Wiederbelebung der alten spezifischen Gesangskunst notwendig, denn Rossinis Belcanto erfordert eine gänzlich andere technische und stilistische Schulung als etwa Mozart auf der einen, Verdi oder Puccini auf der anderen Seite. Heute gibt es – auch das ein Ergebnis des Nachdenkens über «historische Aufführungspraxis» – eine Reihe hervorragender junger Sänger, die als Rossini-Spezialisten bewußt an die Tradition der alten Gesangsschulen anknüpfen.

Trotz dieser wachsenden Beliebtheit können wir heute aber kaum mehr nachvollziehen, was Rossini für seine Zeit bedeutete.

«Seit Napoleons Tod gibt es einen anderen Mann, über den man jeden Tag in Moskau wie in Neapel, in London wie in Wien, in Paris wie in Kalkutta spricht.» Mit diesen Worten begann der französische Romancier Henri Beyle, der sich Stendhal nannte, seine enthusiastische «Vie de Rossini» (1824)[1]*, und er fuhr fort: «Sein Ruhm kennt keine anderen Grenzen als die der zivilisierten Welt – und dabei ist er noch nicht einmal 32 Jahre alt!» In der Tat, Rossinis Musik hatte Weltgeltung wie keine je zuvor. Man sah in ihm nicht nur den Vollender einer Operntradition, die mit Domenico Cimarosa, Giovanni Paisiello und anderen italienischen Meistern die Bühnen ganz Europas beherrscht hatte; man stellte ihn neben (teilweise sogar über) Mozart und verglich ihn mit Beethoven (davon wird nachher noch die Rede sein). Aber auch andere Parallelen wurden gezogen: Wie ein neuer Michelangelo habe er die Leidenschaften erregt, dabei aber zugleich wie Raffael die Schönheit seiner Kunst vollendet; an Gefühlstiefe und Ausdruckskraft sei seine Musik den Werken der größten Dichter und bildenden Künstler ebenbürtig. Er wurde als Canova, als Voltaire, als Heine der Musik bezeichnet. Dabei war er in den Augen mancher Zeitgenossen ein Revolutionär und Titan des Fortschritts, für andere verkörperte er das Ancien régime (Wagner bezeichnete ihn als «Metternich der Musik»[2]), und immer wieder begegnet das Schlagwort vom «Napoleon der Musik». Allerdings – vor lauter derartigen Parallelen vergaß man zuweilen die eigentliche Aufgabe, nämlich «in ihm den Rossini der Musik zu würdigen»[3].

Hierbei nun möchte die vorliegende Monographie mithelfen. Sie versucht, Einblick in wesentliche Aspekte seines Schaffens zu vermitteln und spezifische Eigenschaften seines Stils zu nennen – freilich im Bewußtsein, daß sich diese nicht letztlich beschreiben, sondern höchstens andeuten lassen. Das Hören und insbesondere das Erleben auf der Bühne – denn nur dort ist ja eine Oper wirklich lebendig – kann nicht durch Worte ersetzt werden. Worte können Informationen liefern, Hilfestellungen anbieten und damit bestenfalls einen Weg zur Musik ebnen. In unserem Fall ist dieser Weg allerdings von Legenden überwachsen und – gerade in Deutschland – durch eine große Zahl von Mißverständnissen verstellt. Sie reichen von unbedachtem Verkennen bis zu boshafter Verdrehung historischer Tatsachen; ästhetische und nationale Vorurteile begegnen einem auf Schritt und Tritt. Ich will versuchen, Rossinis Schaffen aus den Gegebenheiten seiner Zeit zu beleuchten. Natürlich werden auch übergreifende Gesichtspunkte zur Sprache kommen, aber im Mittelpunkt soll die Musik stehen. Dabei wird notgedrungen vieles, was dem Leser ebenso

---

* Die hochgestellten Ziffern verweisen auf die Anmerkungen S. 129f.

Stendhal
(Henri Beyle.
1783–1842).
Gemälde von
Johan Olaf Sodermark.
Um 1830

lieb und wichtig sein mag wie dem Verfasser, unerwähnt bleiben. Manches kann nur beiläufig genannt oder muß kurz zusammengefaßt werden. Nur einzelne Werke und Aspekte werden ausgiebiger behandelt.

Da sich eine kontinuierliche Darstellung von Rossinis Leben mit der jeweils längeren Betrachtung übergreifender Themen nicht sinnvoll vereinigen ließ, sei für die biographischen Daten auf die Zeittafel im Anhang verwiesen.

Leider hat Rossini nicht der Hoffnung seines Biographen Stendhal entsprochen, «daß dieser große Künstler, der zugleich ein charmanter Mann ist, auf die Idee kommt, selbst seine Memoiren zu schreiben im Stile Goldonis. Da er hundertmal geistreicher ist als Goldoni und sich über alles lustig macht, wären seine Memoiren weitaus amüsanter.»[4] Aber es gibt mehrere ausführliche Zeugnisse, in denen er aus seinem Leben erzählt und über seine Musik spricht – teils ironisch oder die eigene Legendenbildung befördernd, teils aber auch sehr ernsthaft und informativ. Dazu gehören die Gespräche mit dem Komponisten und Dirigenten Ferdinand Hiller[5] und die Aufzeichnungen über den Besuch Richard Wagners bei Rossini 1860. Er wurde von dem belgischen Musiker Édmond Michotte, der mit beiden Meistern freundschaftlich verkehrte und die Begegnung

9

vermittelt hatte, «scrupuleusement exact» protokolliert und stellt ein einzigartiges Dokument dar.[6]

Darüber hinaus findet, wer sich mit Rossini beschäftigen will, eine große Fülle von Literatur. Sie ist im Anhang verzeichnet. Neben Stendhal, von dessen Buch – nicht immer zuverlässig, aber eine Fundgrube ersten Ranges – alle Biographen profitieren, haben auch andere Schriftsteller Rossinis Musik gefeiert. Heinrich Heine vor allem ist zu nennen, und er wird auch ausführlich zitiert werden. Die schönsten Worte über Rossini stammen von Dichtern und Philosophen. Die fachliche, seinem historischen Rang angemessene musikwissenschaftliche Beschäftigung setzte dagegen erst spät ein. Hier sind neben den Standardwerken von Radiciotti (1927–29), Roncaglia (1946), Rognoni (1956) und Weinstock (1968) die neueren Arbeiten von Philip Gossett, David Rosen, Alberto Zedda, Richard Osborne und anderen zu nennen. Wichtige Beiträge zur Erforschung und Deutung stammen von Friedrich Lippmann und Stefan Kunze. (Beiden verdanke ich viele Anregungen, die über das hinausgehen, was sich in einzelnen Zitaten nachweisen läßt.) Aber nicht nur von gelehrter Seite, sondern auch aus der Praxis des Musiktheaters kamen entscheidende Impulse für die neue, gerechtere Bewertung Rossinis. Sie begründeten die Rossini-Renaissance, der ein eigener Abschnitt gewidmet ist (S. 125f).

Das Bild, das man sich von einer historischen Persönlichkeit macht, setzt sich aus verschiedenen Facetten zusammen. Dabei ist es grundsätzlich schwierig, «Leben» und «Werk» klar voneinander zu scheiden; beide spielen vielmehr auf merkwürdige Weise ineinander: Auf der einen Seite gibt es die Biographie mit ihren Dokumenten, Bildern und – vielfach durch Anekdoten ausgeschmückten – Berichten, auf der anderen die analysierende, deutende Beschreibung des Werkes. Oft ergänzen sie sich derart, daß die innere Vorstellung, die wir von einem solchen Menschen haben, und seine äußere Erscheinung – der Künstler und seine Kunst – zu einer Einheit verschmelzen. Das bringt freilich auch Mißverständnisse mit sich, und oft genug muß ein lange für richtig gehaltenes Bild auf Grund neuer Kenntnis und Erfahrung korrigiert werden.

In unserem Fall beginnt die Schwierigkeit schon früh: Wer sich den «typischen Rossini» vorstellt, meint im Grunde zwei verschiedene Personen. Was wir hören, ist die Musik eines jungen Mannes; was wir dagegen vor Augen haben, wird im allgemeinen kein entsprechendes, jugendliches Porträt sein, sondern jener wohlbeleibte ältere Herr, den die späten Bildnisse, insbesondere die zahlreichen Aufnahmen von Nadar und anderen Pariser Fotografen zeigen. Sie sind berühmt und finden sich nicht nur als Illustration zur Musikgeschichte, sondern auch in Anthologien der frühen Fotografie. Sympathisch und lebensvoll blickt er uns an; freundlich lächelnd, wohl auch ein wenig spöttisch: ein Weltweiser, der die Menschen kennt und sie mit wachen Augen beobachtet, der aber auch – so scheint es – bereit ist, mal ein Auge zuzudrücken. Man glaubt es diesem Mann gern, wenn man hört, er habe über die Zubereitung eines Kochrezepts ebenso sachkundig (und mindestens ebenso gerne) Auskunft geben können wie über Musik. Eine Anekdote erzählt von einem neu in Paris etablierten italienischen Teigwarenhändler, der nach dem Besuch Rossinis in seinem Geschäft, als ihm bedeutet wurde, daß dieser Kunde der berühmte Komponist des *Guillaume Tell* gewesen sei, geäußert haben soll: «Wenn der Mann von Musik ebenso viel versteht wie von der Kochkunst, muß er ein sehr großer Komponist sein!»

Wie viel er von Musik verstand, zeigt nicht nur die Liebe seiner Verehrer, sondern gerade auch die Anerkennung seiner Gegner. Hier ist vor allem Richard Wagner zu nennen, der 1860 seine Aufwartung beim alten Maestro machte – wohl in der Hoffnung, sich seines Wohlwollens für die eigenen Pariser Opernpläne zu versichern. Und es ist erstaunlich: Derselbe Wagner, der Rossini als seinen eigentlichen Antipoden betrachtete und ihn in seiner Schrift «Oper und Drama» nicht nur mit leidenschaftlicher Kritik bedacht, sondern auch mit bösen Abfälligkeiten nicht gespart hatte, war von der Persönlichkeit Rossinis und dem Ernst, mit dem er über künstlerische Fragen sprach, so begeistert, daß er nach diesem Besuch kein abschätziges Wort mehr über ihn publizierte; ja mehr – er bekannte öffentlich: Er «machte den Eindruck des ersten wahrhaft großen und verehrungswürdigen Menschen auf mich, der mir bisher noch in der Kunstwelt begegnet war»[7]. So ging es vielen, und so wird es noch heute manchem gehen, der Rossini und seine Musik näher kennenlernt.

Fürs erste nur so viel: Was sich im allgemeinen Bewußtsein mit seinem Namen verbindet, sind eher liebenswürdige Geschichten als Fakten. Die Kluft zwischen Legende und Realität läßt sich kaum überbrücken. Es ist auch hier, als hätte man zwei ganz verschiedene Personen vor sich.

Da ist zunächst der souveräne Lebenskünstler, ein Mann von überschäumendem Temperament; quirlig, laut auftrumpfend und stets zu Streichen aufgelegt wie seine populärste Opernfigur, der Figaro im *Barbiere di Siviglia*; ein wahres Füllhorn an Anekdoten und brillanten Aperçus; ein lustig-genialischer Musikant, dem die Melodien nur so zufliegen und der emsig eine Oper nach der anderen produziert: In der Tat entstand *La Cenerentola* in drei, der *Barbiere* gar in weniger als zwei Wochen; und daß der Komponist normalerweise das vollständige Libretto einer Oper, die er laut Vertrag binnen kürzester Zeit auf die Bühne bringen (das heißt schreiben und einstudieren) mußte, zu Beginn der Arbeit noch gar nicht kannte, daß er ferner über Nacht eine Ouvertüre komponieren oder in wenigen Minuten eine so bewegende Szene wie das große Gebet (die *Preghiera*) im *Mosè* entwerfen konnte – all das überstieg die normale Vorstellungskraft des Publikums und forderte zur Legendenbildung geradezu heraus. Hinzu kam, daß man ihn wegen seiner selbst bezeugten *Passion*

der Faulheit von jeher[8] mitunter bis zur Lieferung eines bestellten Werkes einsperren mußte. Nach vierzig nunmehr auf solche Weise entstandenen – man hatte den Eindruck: mehr vom Himmel gefallenen als wirklich erarbeiteten – Opern besann sich der Maestro eines Besseren und ließ es sich während der zweiten Hälfte seines Lebens als leidenschaftlichem Feinschmecker und Erfinder raffinierter Leckereien wohl sein. So erlangte er den Ruhm, von dem Strawinsky einmal scherzhaft sagte, richtig unsterblich sei jemand erst, wenn eine Speise nach ihm benannt wird. Allerdings – auch hier mischen sich Dichtung und Wahrheit: Zwar war Rossini eine Autorität in allen Küchendingen, wie unzählige Berichte, Anekdoten und Karikaturen beweisen. Nicht zuletzt wird er in einem grundlegenden «gastrosophischen» Werk noch 1894 als eine der «Säulen der Eßkultur in Frankreich» gefeiert.[9] Man schreibt ihm die Erfindung kulinarischer Köstlichkeiten – darunter raffinierte Salate und die populären Cannelloni – zu. Aber leider haben sich keine authentischen Rezepte erhalten. Berühmt sind die sogenannten Tournedos (Rinderfilets) à la Rossini – «à la Rossini» können indes auch andere Gerichte sein, es heißt nicht mehr als: mit reichlich Gänseleber und Trüffel.

Diesem einen Rossini nun – dem von wahren und erfundenen Geschichten umrankten Bonvivant (wobei das Anekdotische einzelne Züge des Komponisten oft treffend beleuchtet) – steht der andere gegenüber. Er hat sehr viel mehr Facetten, sowohl in seiner menschlichen Erscheinung wie auch als Komponist. Hinter seiner epikureischen Lebensauffassung werden Melancholie und Resignation spürbar (die Zeitgenossen konnten nicht wissen, daß er über viele Jahre ein verzweifelt kranker Mensch gewesen war, den körperliche Leiden und depressive Anfälle fast bis zum Äußersten trieben). Seine Leidenschaft für Essen und Trinken, seine Lust an Geselligkeit und seine sprichwörtliche Liebenswürdigkeit nach außen waren ebenso wie sein unerschöpflicher Witz nur ein dünner Schleier über dem Abgrund. Als Künstler war er ein Mann, der alles andere als oberflächlich dachte und handelte, der die musikalische Ästhetik einer ganzen Epoche prägte und vielen – auch kritischen – Geistern das Höchste in der Tonkunst bedeutete.

Doch wir haben vorgegriffen.

Rossini als Koch. Karikatur von E. Carjat

Jugend und erste Erfolge

«Man mag sagen, was man will, so ist ein Mensch, der nur alle vier Jahre einen Geburtstag hat, immer kein Mensch wie andere» – so beginnt Georg Christoph Lichtenberg seine «Trostgründe für die Unglücklichen, die am 29sten Februar geboren sind».[10] Gioacchino Rossini (der Vorname begegnet auch in der Schreibweise Gioachino, Giovacchino oder Joachim) war im Jahre 1792 in Pesaro, einer kleinen Stadt an der Adria, südlich von Ravenna und Rimini, geboren worden – eben am 29. Februar. Freilich bedurfte er des Trostes nicht, im Gegenteil: Ihm war seine Geburt am Schalttag oft genug Anlaß zu spaßigen Bemerkungen; und daß er «kein Mensch wie andere» war, sollte sich bald bewahrheiten.

Er war das einzige Kind von Giuseppe Rossini und seiner Frau Anna. Die Familie lebte zunächst in Pesaro. Dort war der Vater seit 1790 *bei der Commune als Stadt-Trompeter angestellt, er spielte im Theater Horn, und alles das ging ganz leidlich bis zur Ankunft der Franzosen, wo er seine Stelle verlor*[11]. Es blieb nicht bei diesem einen Mal, daß die äußeren Verhältnisse sich im privaten Leben niederschlugen. Der mehrfache Wechsel der politischen Herrschaft – Franzosen, Österreicher, Kirchenstaat, dazwischen das Interregnum der Cisalpinischen Republik unter der Kontrolle Napoleons – forderte sein Recht. Und da Giuseppe Rossini ein lebhafter Mann war (man nannte ihn daher «Vivazza»), der sich öffentlich zur Idee eines unabhängigen, geeinten Italien bekannt hatte, mußte er im Jahre 1800 sogar für kurze Zeit ins Gefängnis. *Meine Mutter, die eine hübsche Stimme hatte* (und die «eine der hübschesten Frauen der Romagna» war, wie Stendhal zu berichten weiß[12]), *benutzte nun dieselbe, um uns aus der Noth zu helfen, und so verließen wir Pesaro. Die arme Mutter! Sie war nicht ohne Talent, obschon sie keine Note kannte. Sie sang als «orechiante», wie wir das nennen, rein nach dem Gehör.*[13]

1798 begann das typische Wanderleben von Opernkünstlern – die Mutter als Sängerin mit beachtlichen Erfolgen, der Vater als Orchestermusiker. Die Stationen lagen zunächst in der näheren Umgebung: Ravenna, Iesi, Imola, Bologna, Ferrara; später kamen Triest und andere Städte hinzu. Es ist nicht bekannt, was genau der kleine Gioacchino von diesem Leben mitbekam – genug jedenfalls, um als echtes Theaterkind aufzu-

Giuseppe Rossini
(1758–1839)

Anna Rossini,
geb. Guidarini
(1771–1827),
im Theaterkostüm

AVVISO PUBBLICO

CITTADINI

Gioachino Rossini vi annunzia , che Domenica sera 22. cadente Aprile darà un' Accademia di musica in questo Teatro Comunale: Egli vi. ha dato altra volta qualche saggio, benchè piccolo del suo genio per la musica, onde si lusinga di ottenere uguale compatimento agli sforzi della sua puerile età.
Il divertimento della ennunciata Accademia sarà distribuito nel seguente modo

PRIMA PARTE	SECONDA PARTE
Sinfonia	*Sinfonia*
Aria cantata dal Citt. Cevelli Bolognese.	Aria cantata dal Citt. Mondini Bolognese.
Cavatina cantata dalla Cittad: Anna Rossini.	Altr' Aria dalla Citt. Anna Rossini.
Sinfonia	Altr' Aria dal Citt Cevelli. Bolognese.
Aria cantata dal Citt. Mondini Bolognese.	
Altra Aria cantata dalla Citt. Anna Rossini.	*Sinfonia*
Sinfonia	Duetto eseguito dalla Cittadina Rossini, e Figlio in vestiario, e azione, come la Cavatina del suddetto Rossini.
Cavatina cantata dal Citt. Gioachino Rossini , che agirà in vestiario , ed azione di Buffo.	

Vi sarà altresì in mezzo alle due parti dell' Accademia lo Spettacolo della TOMBOLA assicurata in scudi VENTI.
Il Biglietto dell'ingresso. resta fissato in baj. 10. Il prezzo de' Palchi per il primo, e secondo ordine é di paoli 2., e per il terz' ordine bajocchi dieci. Per li Palchi è incaricato il Citt. Cantoni.

In Imola per Gio. Dalmonte Casoni.

Öffentliche Bekanntmachung eines Auftritts des zwölfjährigen Rossini und seiner Mutter in Imola, 22. April 1804

wachsen. Wegen seiner schulischen Ausbildung blieb er noch einige Zeit bei der Großmutter in Pesaro, wurde aber bald nach Bologna gegeben. Dort lernte er neben Lesen, Schreiben, Rechnen und Latein auch die musikalischen Anfangsgründe. *Ein gewisser (Giuseppe) Prinetti aus No-*

vara gab mir Unterricht auf dem Spinett... Seine Methode war gerade nicht die modernste; so z. B. ließ er mich die Tonleiter mit dem Daumen und dem Zeigefinger spielen.[14] Als Giuseppe Rossini 1801 Lehrer für Horn in Bologna wurde, erhielt der Sohn bei ihm Unterricht. 1802 zog die Familie nach Lugo zwischen Bologna und Ravenna, der Heimatstadt Giuseppe Rossinis (das Haus, das er dort besaß, hat der Sohn bis an sein Lebensende behalten). Dort machte Gioacchino die Bekanntschaft der wohlhabenden Familie Malerbi, in deren Palazzo er ein und aus ging und *auf deren barbarischem Gravicembalo* er *täglich übte*[15]. Auch andere Familien förderten den Knaben; man zog den «Cittadino Gioacchino Rossini» als Sänger und vielseitig begabten Instrumentalisten heran. Er gab auch schon, wie eine Bekanntmachung vom 22. April 1804 zeigt, als Zwölfjähriger eine eigene Akademie (öffentliches Konzert) mit anschließender Tombola. Seine Mutter wirkte mit, und beide traten am Schluß «in Kostüm und agierend» auf.

Entscheidend für seine Entwicklung wurde der Einfluß des Chorherrn Don Giuseppe Malerbi, in dessen Bibliothek sich neben älteren und neuen italienischen Meistern auch Werke von Haydn und Mozart befanden. Hier begann Rossinis lebenslange Liebe zu deren Musik. Vermutlich wurde auf diese Weise auch die Lust geweckt, selbst zu komponieren. Die ersten eigenen Werke, die sich erhalten haben, sind die sechs *Sonate à quattro* für zwei Violinen, Violoncello und Kontrabaß. Sie entstanden im Jahre 1804 und wurden, wie Rossini sich später erinnerte, *auf dem Landsitz meines Freundes und Gönners Agostino Triossi bei Ravenna komponiert, als ich noch ganz jung war und noch keinen Kompositionsunterricht hatte. Es wurde alles innerhalb von drei Tagen komponiert und in Stimmen ausgeschrieben und hundemäßig (cagnescamente) aufgeführt von Triossi (Kontrabaß), seinen beiden Vettern (1. Violine und Cello) und mir selbst als 2. Geiger, der ich bei Gott nicht der schlimmste Hund war.*[16]

So sehr Rossini die frühe Leistung herunterspielt, indem er von den *schrecklichen Sonaten* spricht – wir haben es hier mit einem grandiosen Genieblitz zu tun, einem schöpferischen Wurf, der nur wenige Parallelen in der Musikgeschichte kennt (am ehesten ließe sich an Mendelssohns Jugend-Symphonien denken). Was nämlich verblüfft, ist nicht nur die handwerkliche Souveränität, sondern vor allem die individuelle Sprache dieser sechs, jede für sich unterschiedlichen Kompositionen. Durch alle zeitübliche Konvention hindurch hören wir bereits persönliche Töne, sowohl was die melodische Erfindung und das Temperament als auch die Instrumentation betrifft. Der Kontrabaß nämlich, das Instrument des Auftraggebers, steht gleichberechtigt neben Violinen und Violoncello, und das gibt Anlaß zu manchen Überraschungen. Denn während im klassischen Satz «à quattro» (zwei Violinen, Viola und Violoncello) eine klangliche Ausgewogenheit herrscht, die – nach Goethes schönem Wort – das Quartettspiel wie «ein Gespräch vier vernünftiger Leute untereinander» erscheinen läßt, hat hier das tiefe Register Übergewicht. Und der Kontrabaß, der sich sonst meist darauf beschränkt, harmonisch zu stützen und das Fundament des Ganzen zu legen – eine gleichsam bekräftigende Rolle innerhalb des Gesprächs –, mischt sich selbst in den Dialog. Das klingt mitunter (zumal im Finale der C-Dur-Sonate mit seinen ausgedehnten Soli) vorwitzig oder gar anmaßend, denn dem gewichtigen Baßinstrument macht es naturgemäß Mühe, seine Meinungen ebenso elegant zu formulieren wie Geige oder Cello; dann jedoch, wenn er seinen Part mit Bravour bewältigt, hat er die Lacher auf seiner Seite.

Die ursprüngliche, autographe Fassung dieser Sonaten wurde erst in unserem Jahrhundert wiederentdeckt. Aber schon seit den 1820er Jahren kursierten Abschriften und Drucke in den unterschiedlichsten Arrangements – für normales Streichquartett, Flöte mit Streichtrio, Bläserquartett, als reine Klavierfassung. Heute werden sie meist in chorischer Streicherbesetzung gespielt und gehören zum Repertoire jedes Kammerorchesters. All das ist durchaus legitim, denn eine «authentische» Werkgestalt gab es noch keineswegs; es war Brauch, jede Musik nach Bedarf umzuschreiben oder einzurichten.

Es wäre falsch, diese *Sonaten* neben die gleichnamigen Werke der Wiener Klassiker zu stellen, und sie wollen einen solchen Vergleich auch gar nicht provozieren, denn in ihnen geht es ja nicht um motivischen Zusammenhang, thematische Arbeit und dialektische Entwicklung, sondern einzig und allein um anspruchsvolle Unterhaltung – für Spieler ebenso wie Zuhörer. *Sonata* also nicht als ambitionierte Kompositionsgattung im Sinne Beethovens, sondern ganz aus der Tradition der Serenaden und Divertimenti erwachsen. Doch so klar die Herkunft aus dem geselligen Musizieren des 18. Jahrhunderts ist, so deutlich spricht Rossini schon hier die Sprache des 19.; statt des höfischen ein bürgerlicher, ja biedermeierlicher Ton. Liedhafte Melodien reihen sich aneinander, unbeschwert und leicht geschürzt; kokett, ohne nach großen Gesten zu greifen. Daneben manche Takte reine, leere Begleitbewegung – Formelhaftes, das sich gleichsam um sich selbst dreht. Ein paarmal (so im letzten Satz der 4. Sonate) läßt die reihende Wiederholung desselben Motivs und das Mechanische der Begleitung schon den späteren Instrumentalkomponisten ahnen, der mit seinen Ouvertüren, seinem berühmten Crescendo und den großflächigen Steigerungen die ganze musikalische Welt mitreißen sollte.

Für denselben Gönner Agostino Triossi schrieb Rossini auch seine erste Orchesterkomposition, die *Sinfonia al Conventello*, benannt nach dem Landsitz der Familie (*Sinfonia* als einsätziges Orchesterwerk, das entweder als Ouvertüre oder auch als Zwischenmusik einer Veranstaltung gespielt wurde). Doch inzwischen war die Ausbildung weitergegangen. 1805 wurde *ein gewisser Angelo Tesei* der erste Kompositionslehrer. Er *lehrte mich den bezifferten Baß, L'accompagnamento, spielen und ließ mich Solfeggien üben. Ein früher bedeutender Tenorist, Babini gab mir*

Padre Stanislao Mattei
(1750–1825)

den höheren Gesang-Unterricht... Ich sang als Knabe ganz hübsch.[17] Das dürfte stark untertrieben sein, denn Rossini wurde offenbar in seiner Eigenschaft als Sänger bereits 1806 zum Mitglied der berühmten Accademia Filarmonica di Bologna ernannt – eine ungewöhnliche Ehre für einen so jungen Musiker. (Mozart war 1770, ebenfalls als Vierzehnjähriger, in die Sektion der Komponisten aufgenommen worden.) Im selben Jahr wurde Rossini Schüler des Liceo Musicale in Bologna. Er studierte Gesang, Cello, Klavier und hatte Kontrapunktunterricht bei Padre Stanislao Mattei, dem Nachfolger des legendären Padre Martini. Matteis Unterricht war streng, *seine Correkturen waren äußerst belehrend*[18].

Während dieser Zeit *mußte ich aber auch mein Möglichstes thun, um für meinen Unterhalt und für meine Eltern zu sorgen. Das gelang mir, aber freilich nur in sehr dürftiger Weise. Ich begleitete die Recitative im Theater am Clavier und bekam dafür 6 Paoli den Abend – ich hatte eine hübsche Stimme und sang in den Kirchen. Auch componirte ich neben den Übungen, die mich Mattei machen ließ, hier und da ein profanes Stück für einen Sänger zum Einlegen in eine Oper oder zum Concert-Vortrage, z. B. für Zamboni und Andere, die mir dann eine Kleinigkeit dafür gaben.*[19] Auf diese Weise entstand, unter der Hand gewissermaßen, Rossinis erste Oper. Man gab *mir Worte bald zu einem Duett, bald zu einer Ariette, und bezahlte mir ein paar Piaster für jedes Stück, was mich zu großer Thätigkeit anspornte. So brachte ich es, ohne es zu wissen, zu einer ersten Oper.*[20] Es war *Demetrio e Polibio*, die aber erst *Jahre später zur öffentlichen Aufführung* kam.[21]

Als ich mich nun durch Contrapunct und Fuge durchgearbeitet, fragte ich Mattei, was er mich nun werde vornehmen lassen. Den Plein-chant (gregorianischen Gesang) und den Canon, war die Antwort. Wie viele Zeit werde ich daran wenden müssen? Zwei Jahre etwa. – So lange konnte ich aber nicht mehr durchkommen, und das setzte ich dem guten Padre auseinander, der es auch sehr wohl einsah und mir immer gewogen blieb. Ich selbst habe es später oft genug bedauert, nicht länger bei ihm gearbeitet zu haben.[22]

Neben dem Konservatoriumsunterricht hat Rossini das meiste *aus deutschen Partituren gelernt. Ein Musikliebhaber in Bologna besaß einige davon: «Die Schöpfung», «Le nozze di Figaro», «Die Zauberflöte»... Er lieh sie mir, und da ich mit 15 Jahren nicht die Möglichkeit hatte, mir die Werke aus Deutschland gedruckt kommen zu lassen, so kopierte ich sie selbst mit Heißhunger. Meist habe ich erst die Singstimme ganz allein abgeschrieben, ohne mir die Orchesterbegleitung anzusehen. Dann komponierte ich auf einem losen Blatt selbst nach meinem Geschmack eine Begleitung, die ich darauf mit der von Haydn oder Mozart verglich; schließlich vervollständigte ich meine Kopie, indem ich die Originalbegleitung abschrieb. Mit Hilfe dieses Arbeitssystems habe ich mehr gelernt als in allen Unterrichtsstunden des Bologneser Konservatoriums.*[23] Auf Grund dieser – in Italien damals ganz ungewöhnlichen – Begeisterung für die deutsche Musik gab man Rossini den Spitznamen «il tedeschino» (der kleine Deutsche). Das war nicht nur liebevoll gemeint, sondern auch spöttisch. Für einen Italiener, zumal für einen Mann wie Padre Mattei, war deutsche Musik schlechthin «verworren und dunkel, ihre Melodik mehr den Instrumenten als der menschlichen Stimme angepaßt und die Instrumentation zum Schaden des Gesangs allzu schwierig»[24]. Alfredo Casella zog 1942 eine Parallele zur eigenen Zeit: «Im damaligen Italien stellten Haydn und Mozart, Gluck und Händel und auch Beethoven etwa dasselbe dar wie heutzutage an eben denselben Konservatorien Schönberg, Berg oder Hindemith.»[25]

Von den Studienarbeiten aus der Bologneser Zeit hat sich nichts erhalten. Als selbständige Kompositionen entstanden die Kantate *Il pianto d'Armonia sulla morte d'Orfeo* und mehrere einsätzige Orchesterwerke, darunter eine *Sinfonia D-Dur* («di Bologna»). In ihr zeigt Rossini, wie er sein Handwerk beherrscht, zum Beispiel indem er das Seitenthema imitatorisch zwischen Streichern und Holzbläsern führt. Form, Satztechnik und Instrumentation erfüllen die Konvention, darüber hinaus trägt diese

Partitur mit ihrer schwungvollen Melodik und der pochenden Streicher-begleitung bereits eigenständige Züge, so daß er später Teile daraus wiederverwerten konnte.

1810 erhielt Rossini seinen ersten Opernauftrag. Fünf Jahre zuvor hatte ihm als Dreizehnjährigem, der eine Aufführung als *Maestro al Cembalo* leitete, ein venezianischer Marchese versprochen, *wenn ich einmal weit genug sei, um eine Oper componieren zu können, so möge ich mich an ihn wenden, und er werde mich eine schreiben lassen. Ihm ... verdanke ich meine erste Scrittura in Venedig*[26], und zwar für das Teatro San Mosè. *Man gab dort kurze komische Opern für vier, fünf Personen, ohne Chor, ohne Decorationswechsel, die in kürzester Zeit einstudiert werden konnten und dem Unternehmer wenig Kosten verursachten. Man kam daher leicht dazu, aufgeführt zu werden und sich einige Erfahrung zu verschaffen.*[27]

Er schrieb *La cambiale di matrimonio*, eine *farsa*, das heißt eine komische Oper in einem Akt. Noch vier weitere folgten für das Teatro San Mosè: 1811 *L'inganno felice* und im Jahr darauf *La scala di seta*, *L'occasione fa il ladro* und *Il signor Bruschino*. Dazwischen kamen ein Auftrag aus Bologna für *L'equivoco stravagante* und der erste vom Teatro alla Scala in Mailand für *La pietra del paragone*.

Es würde zu weit führen, diese Opern einzeln zu besprechen, obwohl vieles in ihnen – Ouvertüren, Arien, Ensembles – eine eingehende Beachtung verdienen würde. Aber wir werden die Kompositionsweise Rossinis nachher, am Beispiel des *Barbiere di Siviglia*, zusammenfassend behandeln. Fürs erste seien nur ein paar Aspekte herausgegriffen.

Erstaunlich ist vor allem die Sicherheit, mit der ein so junger Komponist die differenzierte Tonsprache seiner Zeit beherrscht. Er hat sie gleichsam durch täglichen Umgang gelernt und spricht sie von Anfang an fließend und mit eigenem, unverwechselbarem Tonfall. Typisch ist die Verbindung von beweglicher Melodik und rhythmischer Vitalität, etwa in der Ouvertüre zu *La pietra del paragone* mit dem Wechsel von durchgehenden Triolen und hüpfenden punktierten Achteln; typisch auch die Mischung aus einfachen harmonischen Verläufen und plötzlichen, witzig-überraschenden Modulationen, ferner die Spannung zwischen einfacher Kantilene und virtuoser Koloratur. Besonders in der Instrumentation zeigt der junge Rossini individuelle Züge. Seine Vorliebe für solistisch eingesetzte Bläser fällt schon in der Ouvertüre zu *Demetrio e Polibio* auf (sie ist wie eine Sinfonia concertante mit konzertierenden Bläsern angelegt) und läßt sich auch später immer wieder erkennen, etwa in den Hornsoli der Ouvertüre zu *La cambiale di matrimonio* oder beim Auftritt der Clarice in *La pietra del paragone*. In dieser Oper findet sich eine Gewittermusik, in der bereits das berühmte *Temporale* des *Barbiere* vorgebildet ist. *La scala di seta* enthält reizvolle instrumentatorische Nuancen, zum Beispiel eine Arie mit obligatem Englischhorn und eine mit zwei obligaten Piccoloflöten und verfremdetem Streicherklang, indem die Töne durch Schlagen des Bogens – *sul ponticello colla bacchetta dell'arco* – erzeugt werden. Sehr populär wurde so ein Effekt in der Ouvertüre zu *Il signor Bruschino*, wo die Geiger mit ihren Bögen im Rhythmus gegen die metallenen Kerzenhalter (heute gegen die Notenständer) klopfen. Aber es sind nicht nur klangliche Wirkungen im Sinne eines ästhetischen Ohrenkitzels, mit denen Rossini seine Hörer fasziniert, sondern oft auch witzige Kommentare zur Bühnensituation, etwa das langsame Ermüden und schließlich Einschlafen des Dieners Germano in *La scala di seta* (lautmalerisch durch sanfte Streicherfiguren im ⁶∕₈-Takt dargestellt) oder im 1. Finale derselben Oper die Stelle, wie gerade vom heiligen Eheschwur die Rede ist und unvermittelt die beiden Hörner mit einem Fanfarenmotiv im Fortissimo hereinplatzen, womit sie das jedem Italiener geläufige Zeichen des «Cornuto» akustisch versinnbildlichen: So schnell wird jeder Ehemann zum Gehörnten.

Vieles ließe sich noch erwähnen. Zunächst halten wir nur fest, daß Rossini schon früh seinen «Ton» findet.

Die frühen heiteren Opern – einaktige *farse* oder mehraktige *opere buffe* – hatten beachtlichen Erfolg. Das biblische Oratorium *Ciro di Babilonia* (Bologna 1812) brachte dagegen einen gesalzenen Reinfall, den der Komponist sich und seinen Freunden versüßte, indem er *bei einem Zuckerbäcker ein Schiff von Marzipan bestellte, dessen Wimpel den Namen «Ciro» trug; der Mastbaum war zerbrochen, das Segel durchlöchert, und es lag auf der Seite, in einem Meere süßen Rahms schwimmend. Die lustige Gesellschaft verzehrte lachend mein gescheitertes Fahrzeug.*[28]

Diese Geschichte ist bezeichnend, zunächst für die allgemeine Einstellung jener Zeit: Ein Mißerfolg war noch kein Weltuntergang, ebenso wie ein einzelner Erfolg noch nicht die Unsterblichkeit garantierte (eine Oper war ohnehin nicht für die Ewigkeit gedacht, sondern für den Augenblick). Rossini war gleichmütig; er ist *beim Succeß ziemlich ruhig geblieben, und beim Fiasco auch*[29]. Allzu gewagte Stellen, bei denen ihm in der Eile des Gefechts ein Verstoß gegen die Tonsatzregeln unterlaufen war, kreuzte er kurzerhand in der Partitur an und bemerkte dazu: *per soddisfazione de'pedanti* (zur Genugtuung der Pedanten). Mit derselben Souveränität hat er nach Premieren, wenn er seinen Eltern schrieb, bereits auf dem Briefkuvert das Ausmaß des Fiaskos markiert, indem er eine mehr oder weniger große runde Weinflasche (il fiasco bedeutet Flasche und Reinfall) darauf zeichnete.

Es ist nicht bekannt, wie er 1813 reagierte, drei Jahre nach seinem Operndebut, als im Teatro La Fenice in Venedig *Tancredi* aufgeführt wurde. Der Erfolg war zunächst mittelmäßig, aber bald begann ein Triumphzug ohnegleichen. In ganz Italien wurde diese *opera seria* oder, wie es auch hieß, dieses *melodramma eroico* gegeben. Das Ausland folgte innerhalb weniger Jahre – München, Wien, Dresden, Berlin, London, Paris, New York. Die Oper wurde auch übersetzt und nicht nur deutsch, französisch und englisch, sondern auch polnisch, tschechisch, spanisch, ungarisch, schwedisch und russisch gesungen.[30] Besonders ein Stück, Tancredis Auftrittsarie *Di tanti palpiti*, hatte es dem Publikum angetan. Sie wurde zum Schlager, der um die Welt ging. Jedermann sang sie oder spielte eine der unzähligen Bearbeitungen.

Dem Libretto von Gaetano Rossi liegt Voltaires Tragödie «Tancrède» über eine Episode aus Torquato Tassos «Gerusalemme liberata» zugrunde, einem Hauptwerk der italienischen Literatur, das zahllosen Künstlern zur Vorlage diente. Die Handlung spielt in Sizilien zur Zeit der Kreuzzüge; im Mittelpunkt steht Tankred, der König der Normannen. Die Sarazenen bedrohen das Land. In tragischer Verstrickung sind Tankred und die anderen Personen zwischen Liebe und Staatsraison hin und her gerissen. Der Konflikt scheint unlösbar, eine Rettung aussichtslos. Doch am Schluß wendet sich alles zum Guten: Die Feinde werden besiegt, die Verwirrung aufgeklärt; die Liebenden erkennen und verzeihen einander. Alle Beteiligten vereinen sich und besingen ihre *felicità* – das typische *lieto fine* («happy end») einer *opera seria*.

Für die Wiederaufnahme in Ferrara aber, sechs Wochen nach der Uraufführung in Venedig, schrieb Rossini den Schluß um: Tankred kehrt zwar siegreich zurück, aber er ist verwundet. Er stirbt in den Armen seiner Geliebten. Kein Finale mit gemeinsamer *felicità*, sondern stockende Melodieansätze, zu Herzen gehende Seufzer und ein letztes *addio*, dazu im Orchester sparsame Streicherakkorde *con sordino* und ein Tremolo mit der Vortragsbezeichnung *morendo*. So entspricht es Voltaires Vorlage, die Goethe übersetzt und als Trauerspiel bezeichnet hatte. Nur – das war kein Opernschluß! Das Publikum reagierte mit Unverständnis und Erregung; ans Ende einer Oper, und sei sie noch so tragisch, gehörte – anders als im Bühnendrama – der versöhnliche Schluß, die glückliche Rettung, der Deus ex machina. Und wenn schon der Tod, dann die Überhöhung ins Übermenschliche, die Apotheose. Rossini hat für alle späteren Aufführungen den Originalschluß wieder eingesetzt (1977 wurde das Ferrareser Finale wiedergefunden und publiziert).[31] Erst später konnte er dank seiner mittlerweile erreichten Autorität und unter Berufung auf die *künstlerische Wahrheit* wagen, mit der Tradition des «lieto fine» zu brechen. Daß man ihm auch dabei nicht überall folgen mochte, ihn sogar zwang, für seinen *Otello*, dieses Urbild eines tragischen Dramas, einen heiteren Schluß anzubieten, zeigt, wie mächtig die Konventionen der Gattung waren.

Bevor wir versuchen wollen, einen Blick auf diese Konventionen, auf die Oper als musikalisches und organisatorisches System mit den vielfältigen damit verbundenen Aspekten zu werfen, seien in aller Kürze die wichtigsten Daten für Rossinis weiteres Schaffen genannt.

Die Erfolge, die er als junger Komponist (er war kaum über zwanzig) in

Isabella Colbran-Rossini (1785–1845). Gemälde von Ferdinand Waldmüller

Venedig und Mailand, Bologna und dann auch in Rom hatte, bewogen Domenico Barbaja, den Direktor des Teatro San Carlo in Neapel, ihn zu verpflichten. Dort *mußte ich mich um alles, was die Oper anging, bekümmern, alle Proben überwachen – Barbaja zahlte keine Rechnung, die ich nicht unterschrieben – und dabei hatte ich mich verbindlich gemacht, zwei Opern jährlich zu schreiben*[32]. Die Sänger, die er dort vorfand, gehörten zu den größten ihrer Zeit: Andrea Nozzari, Giovanni Davide, Manuel García (der Ältere, mit seiner bald auch berühmten Tochter Maria Malibran), vor allem aber die Primadonna Isabella Colbran (oder Colbrand), für die er seine bedeutendsten ernsten Frauenpartien schrieb und die Rossini 1822 heiratete. Das hatte weitreichende Folgen, wie Stendhal andeutet: «Das Unglück hat es gewollt, daß in Neapel Mademoiselle Colbrand die Königin des Theaters war; ein noch größeres Unglück wollte es, daß er sich in sie verliebte; wenn er an ihrer Stelle eine Buffo-Schauspielerin getroffen hätte, zum Beispiel die Marcolini oder die Gafforini in der Blüte ihrer Jugend, hätte er, statt uns die ägyptischen Plagen zuzumuten, weiter Opern wie die *Pietra del paragone* oder die *Italiana in Algeri* geschrieben.»[33] So wie Stendhal tadelte mancher die stärkere Hinwendung zum ernsten Genre (*La Cenerentola*, 1817, war die letzte *opera buffa*). Beethoven etwa, den Rossini bei seinem *Aufenthalt in Wien* 1822 sich *aufzusuchen beeilte*, empfahl ihm, sich doch vor allem der musikalischen Komödie zu widmen[34], und aus der Rückschau sah der alte Rossini selbst auf diesem Feld seine eigentliche Begabung. *Ermione* etwa, 1819, sei durchgefallen, *und wahrhaftig mit Recht, sie war sehr langweilig... Alles recitativisch und declamatorisch.*[35]

Aber die meisten Zeitgenossen bejubelten gerade seine großen tragischen Opern. *Zelmira* versetzte 1822 in Wien die ganze Stadt in einen sprichwörtlichen Taumel, es folgten London, Paris und alle anderen Zentren des europäischen Musiklebens. Aus der Begegnung mit der französischen Tradition und deren besonderen Anforderungen kamen zahlreiche Impulse für die Komposition, wovon später ausführlich die Rede sein wird. Vorweg sei gesagt: Rossinis Wirken bedeutete eine umwälzende Erneuerung für die italienische, und das heißt für die damalige Musik überhaupt. Noch war ja die Oper die wichtigste Gattung im internationalen Musikbetrieb, und sie war mehr als nur eine Gattung unter mehreren; bei ihr handelte es sich sowohl ästhetisch als auch organisatorisch um ein in sich festgefügtes System mit internationalem Anspruch und Geltungsbereich.

Die Oper

Warum geht man in die Oper? Wer sich und andere fragen würde, erhielte wohl die unterschiedlichsten Antworten: um eine Sängerin zu hören oder seinen Favoriten in einer bestimmten Rolle zu erleben; weil man besondere Vorliebe für einen Regisseur oder Dirigenten oder weil man halt ein Abonnement habe und nach der Aufführung noch gern mit Bekannten zusammensitze; im übrigen sei man es seiner gesellschaftlichen Stellung schuldig, über Kulturelles informiert zu sein. Seltener wird die Antwort lauten: weil ich dieses Werk kennenlernen wollte. Gewiß – die einzelnen Begründungen gingen ineinander über, aber rein künstlerische Motive blieben wohl sekundär gegenüber den gesellschaftlichen.

Das war im frühen 19. Jahrhundert nicht anders. Im Gegenteil: Ein Theater war keine hochsubventionierte Bildungsinstitution wie heute, sondern ein Unterhaltungsunternehmen und funktionierte – soweit es sich nicht ausdrücklich um ein Hoftheater handelte – auf privatwirtschaftlicher Basis. Daß man es «dem Wahren, Guten und Schönen» widmete, ist erst eine spätere, deutsch-bürgerliche Entwicklung. Es war kein «Musentempel», eher glich es, wenn der Vergleich statthaft ist (zutreffend ist er) einem heutigen Freizeitzentrum. Ziel war der angenehme Zeitvertreib. Angesprochen waren also vor allem diejenigen, die über ihre Zeit mehr oder weniger unabhängig verfügen konnten: Adelige und Offiziere, unter den Bürgern besonders Kaufleute, Juristen, Ärzte. Erschienen sie mit ihren Angehörigen einschließlich Gouvernanten, Hauslehrern und ähnlichen Personen, so glich das einem kleinen Hofstaat. Oft kam man aber auch mit Freunden oder allein, denn das Theater erlaubte, inkognito zu bleiben, und diente als Treffpunkt für Verabredungen – geschäftliche und geheime, amouröse oder konspirative, man kennt das aus der Literatur. Daneben ein Heer von Bediensteten, Leuten, die etwas zum Verkauf anboten oder sich für bestimmte Tätigkeiten wie das Überbringen von Billetts, das Bespitzeln einer Person und dergleichen bereithielten.

Soziale und ästhetische Funktion waren vermischt. In erster Linie diente die Oper dem gesellschaftlichen Verkehr. «Bei jeder Art von Geschäften sagen die Leute zueinander: ‹Wir sehen uns in der Scala.›»[36] Man besuchte sich gegenseitig in den Logen, wobei eine über der Bühne angebrachte leuchtende Uhr die verabredete Zeit angab. Aber man ging keineswegs nur zum Zweck einer Aufführung ins Theater, sondern oft aus ganz anderen Gründen: Dort war es auch im Winter gut geheizt, und jeder konnte sicher sein, auch ohne ausdrückliche Abmachung genügend gleichgestimmte Menschen anzutreffen. Aufenthalts- und Zerstreuungsmöglichkeiten der verschiedensten Art waren vorhanden: Wandelhallen, Restaurants, Cafés mit Billardtischen, Zeitschriftensäle, Bibliotheken und diverse Kabinette. Einen besonderen Anziehungspunkt bildeten die Spielhallen. «Die öffentlichen Spiele haben zur Pracht und Herrlichkeit der Scala und des San Carlo nicht unwesentlich beigetragen. In vierzig Sälen, die mit dem Theater verbunden waren, standen Tische für Pharaon und Trente-et-quarante. Da der Italiener von Natur aus ein Spieler ist, machten die Bankiers sehr gute Geschäfte und zahlten große Summen an die Theaterkasse.»[37] Mit solchen Einkünften konnte der Unternehmer

Das Teatro alla Scala in Mailand. Gemälde von Angelo Inganni

Der Impresario Domenico Barbaja (1778–1841). Im Hintergrund rechts die Porträts von Giovanni Rubini, Rossini und Giuditta Pasta

des Ganzen, der *impresario*, Mißerfolge im künstlerischen Betrieb ausgleichen, ja oft erheblich mehr als das. So war Domenico Barbaja, einer der berühmtesten Impresarii der Epoche (man nannte ihn den «Vizekönig von Neapel»[38]), imstande, das abgebrannte Teatro San Carlo 1817 aus eigener Tasche prachtvoll wieder aufzubauen. Er, der zeitweilig daneben auch die Scala in Mailand und das Kärntnertortheater in Wien leitete, *betrieb seine Sache mit einer gewissen Großartigkeit und setzte seinen be-*

sonderen Stolz darein, die bestmögliche Oper zu haben. Das gelang ihm denn auch, wiewohl mit bedeutenden Geldopfern. Aber er konnte sie leicht bringen, da er als Pächter der öffentlichen Spiele ungeheure Summen verdiente.[39]

Der Impresario war die Hauptperson im Opernbetrieb. Er verpflichtete alle an einer Produktion Beteiligten durch einen Vertrag. Eine solche *scrittura* umfaßte für den Komponisten das Herstellen, Einstudieren und die ersten Aufführungen einer Oper. Wie sehr sich der *compositore scritturato* dabei, im wörtlichen Sinn übersetzt, dem Impresario mit Haut und Haar verschrieben hatte, zeigen die erhaltenen Verträge. Eine Beteiligung am Gewinn war grundsätzlich nicht vorgesehen. (Bei Rossini wurde sie später, nach dem Erfolg des *Mosè*, eingeführt.) Dafür trug der Impresario allein das finanzielle Risiko. Neben den Cafés, Spielsälen und ähnlichem hatte er dabei regelmäßige Einkünfte durch Abonnements und Vermietung von Logen.

Eine Loge – das war weit mehr als ein Theaterplatz: Sie war der Salon, in dem man seine Empfänge gab und, wie Balzac so schön über das Teatro La Fenice in Venedig schreibt, «Eis und kühlen Sorbet schlürft, Süßes knabbert – nur Leute der Mittelklasse verzehren dort etwa Mahlzeiten... Die Konversation herrscht unbeschränkt in diesem Raum... Musik und die Entzückungen der Szene sind nur Zutaten: Das Hauptinteresse liegt in den hier geführten Gesprächen, in den großen und kleinen Herzens-Affären, in den Stelldicheins, die man sich gibt, in den Beobachtungen, die man austauscht»[40], «und wenn das Gespräch nicht mehr interessiert, lauscht man der Musik»[41], «die Leute, die sich die ganze Oper anhören wollen, nehmen im geräumigen Parkett Platz, das mit ausgezeichneten Bänken mit Rückenlehne ausgestattet ist»[42].

Freilich, so groß die Zahl der Müßiggänger und derer, die anderes suchten, auch war: Neben ihnen gab es – und zwar unabhängig von der Zugehörigkeit zu einer sozialen Schicht – die «melomani», die Musikenthusiasten, und jene «dilettanti», bei denen Liebe und Kennerschaft zusammenkamen. Unter ihnen fanden sich nicht nur die besten Kritiker Italiens, sondern sie waren (wie in Deutschland das oft bespöttelte «Bildungsbürgertum») die eigentlichen Träger der musikalischen Kultur.

Die Scala in Mailand und das San Carlo in Neapel waren damals wie heute die ersten Bühnen Italiens; ihnen folgten das Teatro La Fenice in Venedig, das Königliche Theater von Turin und dann die kleineren römischen Häuser, von denen das Argentina (*Il barbiere di Siviglia*) und das Teatro Valle (*La Cenerentola*) für Rossini besonders wichtig wurden. Jede italienische Stadt – selbst Orte wie Castelfranco oder Panicale – hatte ihr Theater. Es waren teils höfische, teils von den Kommunen eingerichtete und verpachtete Unternehmen. Für die meisten war vertraglich festgelegt, daß zu bestimmten Zeiten neue Opern gegeben werden müssen, die ausdrücklich für diese Bühne komponiert waren. Aber es gab

In der Loge. Anonymer Stich, 1844

keine festen Ensembles, sondern reisende Theatertruppen und natürlich
– vor allem im Orchester und Chor – lokale Kräfte. Man kannte auch
nicht ein feststehendes Repertoire, sondern es galt das Stagione-Prinzip,
bei dem einzelne Werke en suite gespielt wurden – und zwar unterschiedlich: in der Scala jeden Abend außer Freitag (an ihm als dem Todestag
Christi blieben ebenso wie bei staatlichen Trauer- oder Gedenktagen die
Theater geschlossen), im San Carlo nur dreimal die Woche. Das war auch
sonst regional verschieden. Wenn eine Oper erfolgreich war, gab man sie

ungefähr dreißigmal hintereinander. Das sei, so bemerkt Stendhal, etwa die Zahl der Vorstellungen, die man mit Vergnügen anhören könne, wobei freilich «eine gut gesungene Oper jeden Tag wegen der Nuancen im Gesang und der Verzierungen anders»[43] ist. Mindestens die ersten drei Vorstellungen leitete der Komponist vertragsgemäß vom Klavier aus. Oft passierte es, daß ein Werk bei der Premiere durchfiel, sich dann aber mit einer der folgenden Aufführungen durchzusetzen begann. In einer Saison, die zwischen 80 und 100 Vorstellungen umfaßte, wurden gewöhnlich drei Opern gegeben (davon zwei neue, ausdrücklich für das jeweilige Theater geschriebene) sowie vier Ballette (zwei große tragische und zwei komische). Oper und Ballett wurde am selben Abend gespielt – aus heutiger Sicht kaum mehr vorstellbar, da ja die Handlung völlig zerrissen wurde.

Ein Abend in der Mailänder Scala (wir folgen Stendhals Bericht über den 1. Februar 1818) begann um sieben Uhr (im Sommer später). Zunächst bis Viertel nach acht 1. Akt *La gazza ladra*, darauf von halb neun bis zehn Uhr das Ballett «La Vestale» von Viganò und von Viertel nach zehn bis Viertel nach elf der 2. Akt der *Gazza ladra*; danach kam noch «La Calzolaia» (Die Schuhmacherin), ein kleines komisches Ballett von Viganò. Mit ihm endete der Abend zwischen Mitternacht und ein Uhr.[44] Das war französischer Brauch, und erhaltene Libretti zeigen, daß er in

Das Teatro San Carlo in Neapel

den Städten, die von Frankreich regiert oder besetzt waren, streng eingehalten wurde. An anderen Bühnen dagegen, vor allem natürlich den kleineren Häusern, fehlte oftmals das Ballett. Dort wurden die Pausen entsprechend ausgedehnt.

Die übliche Spielzeit reichte von Anfang November bis Aschermittwoch und teilte sich in die Herbst- und die Karnevalssaison. Andere *stagioni* wurden anläßlich besonderer Veranstaltungen (Krönungen, Feste, Messen usw.) abgehalten. Während der Fastenzeit durften, wenn überhaupt, nur geistliche Werke zur Aufführung kommen.

Eine Opernproduktion mußte gut kalkuliert sein. Welche zugkräftigen Sänger engagiert und ob Chor, Ballett und großes Orchester eingesetzt werden konnten, richtete sich nach den finanziellen Möglichkeiten des Impresarios. Auch der Komponist mußte auf seine Weise ökonomisch vorgehen: Er legte seine Partitur von vornherein so an, daß sie sich mehrfach verwenden ließ. Wenn ein Stück – Ouvertüre, Arie, Ensemble oder auch nur ein Teil daraus – gefallen hatte, so war das Grund genug, es anderswo wieder zu verwerten.

Blicken wir auf Rossini: Die Unbefangenheit (manche empfanden es als Skrupellosigkeit), mit der er seine eigene Musik mehrfach wieder verwandte – und zwar oft ohne Rücksicht auf den dramaturgischen Zusammenhang –, mag uns heute wohl befremden. Aber sie war nicht nur durch Faulheit oder ständigen Zeitdruck begründet, sondern entsprang einer alten Praxis: Man schuf sich von vornherein ein Repertoire einzelner musikalischer Teile, die auswechselbar und von einem Werk ins andere übertragbar waren. Das war, neben *einer leichten Hand und viel Instinkt*[45], die wesentliche Voraussetzung für Rossinis rasantes Produktionstempo. Der heutige Musikfreund, der in seiner Haltung durch das späte 19. Jahrhundert geprägt ist und klare Erwartungen an Originalität und Individualität eines Kunstwerks hat, kann sich solches Komponieren mit Versatzstücken kaum mehr vorstellen. Aber wenn auch der Effekt bei Rossini eine Ausnahme war: Das Verfahren war allgemeine Regel.

Selbstverständlich war weiterhin, je nach Bedarf, etwas in eine Oper einzufügen oder aus einer anderen zu entlehnen, Stücke umzutextieren und dem neuen Zusammenhang anzupassen (der musikhistorische Terminus lautet «Parodie»). Ohne Bedenken wurde in jede bestehende – eigene oder auch fremde – Partitur eingegriffen, wenn die Umstände (z. B. wechselnde Besetzungen) es erforderten. Am häufigsten mußte dabei auf Sängerwünsche eingegangen werden. Koloraturen und Ornamente, die dem einen besonders lagen, wurden für den nächsten gestrichen oder durch andere ersetzt. Schon Mozart liebte es, «daß die Aria einem Sänger so accurat angemessen sey, wie ein gutgemachtes Kleid»[46], und er war nicht nur bereit, ein einzelnes Stück «der geläufigen Gurgel» einer bestimmten Sängerin anzupassen, sondern auch, wenn es darauf ankam, eine ganze

Partie umzuschreiben (so wollte er aus dem Koloraturtenor seines Idomeneo eine Baßrolle für den ersten Sänger seines Osmin machen[47]). Entsprechend verfuhr Rossini: In *Aureliano di Palmira* (1814, Mailand) war der 1. Akt für eine sehr viel höhere Stimme konzipiert worden als der zweite, «weil der Sänger die Masern bekam und nicht singen konnte»[48]. Ähnliche Beispiele ließen sich in großer Fülle berichten: «Velluti konnte aufsteigende Tonleitern nicht so wie etwa die Colbrand, deren Spezialität sie waren. Sie führte sie mit großer Leichtigkeit aus, und deshalb finden sich derartige Figurationen häufig in den für diese Sängerin geschriebenen Partien.»[49] Auch auf Isabella Colbrans technische Schwächen nahm der spätere Ehemann Rücksicht, indem er ihre Stärken unterstrich. Daß solch noble Gesinnung nicht nur nahestehenden oder besonders attraktiven Personen zugute kam, zeigt eine Anekdote über eine Aufführung des *Ciro di Babilonia*. Dort hatte Rossini *eine schauderhafte Seconda Donna. Sie war nicht allein über die Erlaubniß häßlich, auch ihre Stimme war unter aller Würde. Nach der sorgfältigsten Prüfung fand ich, daß sie einen einzigen Ton besaß, das B der eingestrichenen Oktave, welcher nicht übel klang. Ich schrieb ihr daher eine Arie, in welcher sie keinen anderen als diesen Ton zu singen hatte, legte Alles ins Orchester und da das Stück gefiel und applaudiert wurde, so war meine eintönige Sängerin überglücklich über ihren Triumph.*[50]

Zurück zum allgemeinen. Das Entlehnungs- und Parodieverfahren (das uns noch im Zusammenhang mit der Kirchenmusik begegnen wird), also das Arbeiten mit kompositorischen Versatzstücken, die nach Bedarf angepaßt wurden, war nur möglich durch die Typisierung der Musik im 18. Jahrhundert. Inhalte und Formen waren weitgehend festgelegt. Bestimmte Ausdruckshaltungen (Affekte) standen der musikalischen Sprache wie Vokabeln zur Verfügung. Es herrschten einheitliche Gliederungsprinzipien: Jede Oper bestand aus musikalischen «Nummern», die von frei gestalteten Rezitativen eingeleitet wurden; diese Nummern selbst (Arien und Duette) folgten strengen formalen Grundmodellen; zum einen dem Dacapo-Prinzip mit seiner Gliederung A-B-A (wobei die Wiederholung des ersten Teils im Notentext oder durch hinzutretende Verzierungen variiert wurde) und zum anderen der zweiteiligen Anlage (oft im Verhältnis langsam/schnell). Auch innerhalb der einzelnen Stücke war der Ablauf im großen und ganzen normiert, harmonisch durch die Tonika-Dominant-Spannung, im Metrischen durch klare periodische Gliederungen.

Grundlegend war der Unterschied zwischen *opera seria* und *opera buffa*. Er geht letztlich auf die in Antike und Renaissance vorgenommene dichtungstheoretische Trennung zwischen Tragödie und Komödie zurück und ist ursprünglich sozial definiert: auf der einen Seite berühmte Persönlichkeiten (aus Mythologie und Geschichte) in bedeutungsvollen Handlungen, auf der anderen gewöhnliche Personen (nicht unbedingt komische Figuren) in alltäglichen Situationen.

In der typischen Opera seria des 18. Jahrhunderts, wie sie die Textdichter Apostolo Zeno und Pietro Metastasio ausgeprägt hatten, kehren bestimmte Figurentypen in festgelegten Situationen immer wieder. Sie sind nicht individuell unterschieden, sondern in ihren Charakteren und Konstellationen zueinander: Held, Heldin, Bösewichter, helfende Figuren usw.; dem entspricht die Abstufung der Rollen in solche für erste Sänger (*primo uomo* und *prima donna*), zweite (*secondo uomo* und *secondo donna*) und Nebenpartien. Die dramaturgische Anlage ist vereinheitlicht. Alle Handlungen (bei denen nicht die Originalität des Stoffs, sondern die Variierung des Bekannten entscheidend ist) verlaufen nach demselben Modell. Es geht um die beiden tragischen Ursituationen: 1. um den Konflikt zwischen Liebe und Staatsräson, d. h. um die Liebe zu einem Feind oder zu einer Person minderen Standes (mit der Unmöglichkeit, daß sie sich je erfülle) und 2. darum, aus Nicht-Erkennen (durch Unwissenheit oder auf Grund böser Intrigen) etwas Verhängnisvolles zu tun. Anders aber als in der Tragödie des Sprechtheaters steht am Ende, wie wir anläßlich des *Tancredi* sahen, das *lieto fine*. Das hängt mit der ursprünglichen Bestimmung der Oper als einer *festa teatrale* zusammen, in der es um Sinnbilder des menschlichen Seins, nicht um realistische Abbilder geht.

Musikalisch vollzieht sich die Handlung einer Opera seria im Rezitativ. Die Arien dagegen vermitteln ein statisches Bild, in dem eine allgemeine Idee oder ein innerer Zustand (Affekt) dargestellt wird. Sie sind losgelöst vom Geschehen auf der Bühne: Der Sänger tritt vor an die Rampe. Danach geht er ab. Ensembles kannte die metastasianische Oper noch nicht.

Ganz anders die Opera buffa: Sie diente in erster Linie der Unterhaltung, nicht der Repräsentation und Darstellung bedeutungsvoller Stoffe. Statt ferner Welten und Zeiten erlebt der Zuschauer die Gegenwart des Alltags, häufig mit aktuellen Anspielungen durchsetzt. Die strenge Form sowohl der Gesamtanlage als auch der einzelnen musikalischen Nummern wird aufgelockert. Die Personen treten in Ensembles zusammen und beleben das Geschehen. Und das Wichtigste: Die Handlung greift vom Rezitativ auf die musikalisch geformten Partien über, so daß deren feste Modelle aufgelöst und spielerisch umgewandelt werden. Die Komposition paßt sich der Situation auf der Bühne an. Bestimmend war nicht mehr die große Arie mit einheitlichem Affekt, zu der der Sänger die Handlungsebene verläßt und wie ein Instrumentalsolist vor dem Publikum steht, sondern der spontane, aus dem Agieren und Reagieren der Figuren geborene Wechsel des Ausdrucks. Die Musik läuft nicht ab, indem sie einen einzelnen Zustand schildert, sondern übernimmt gleichsam selbst die Handlung; sie agiert, reagiert, greift ein. (Der Regisseur einer Buffa kann sich unmittelbar an der Partitur orientieren.) An die Stelle normierter Formtypen treten lockere, in sich variable Bildungen. Sie gehen meist von der zweiteiligen Grundanlage aus (Cavatina mit einleitendem Cantabile und schnellerer Cabaletta), aber bei Bedarf werden weitere Glieder eingefügt, insbesondere in einem steigernden Schluß (Stretta). Wir werden nachher im *Figaro*-Kapitel spezielle Beispiele dazu betrachten.

Woher kam diese ganz andere Form des Musiktheaters? Eine wichtige Quelle bildete die Commedia dell'arte. Sie war die populärste Gattung des italienischen Sprechtheaters. Ihre Texte wurden nicht schriftlich festgelegt, sondern nach einem jeweils angegebenen Handlungsschema improvisiert. Sie hatte ein festes Repertoire von Spielern: die jungen Liebenden als individuelle Personen und die *maschere*, d.h. die typischen Figuren, die in Kostüm und Maske, Sprache und Bewegung marionettenhaft stilisiert waren. Sie leben in den Figuren der Buffa weiter. Jeder Zuschauer erkannte sie sofort: den pfiffigen Diener Arlecchino und die gewitzte Magd Colombina, den ebenso geizigen wie lüsternen Alten (Pantalone) oder den Dottore aus Bologna, der alles studiert und nichts begriffen hat, der mit Fremdwörtern um sich wirft und große Weisheiten verkündet. Die Commedia dell'arte war von Carlo Goldoni übernommen und zur Literaturkomödie europäischen Ranges erhoben worden. Er schrieb auch Operntexte: 65 seiner 200 Titel sind Buffalibretti, in denen er aber den komischen Gestalten ernste (parti serie) an die Seite stellte – eine für die Entwicklung der komischen Oper seit Piccinni und Haydn, ganz besonders natürlich für Mozart, entscheidende Maßnahme.

Die musikalische Sprache der Opera buffa, der neue belebte Stil, wurde aber nicht nur für diese Gattung selbst, sondern für die Musik allgemein prägend. Theaterhafte Züge, Elemente szenischen Agierens finden sich zum Beispiel auch in der Instrumental- und der Kirchenmusik. Sie wurden zu grundlegenden Stil- und Ausdrucksmitteln. Selbst in die Opera seria, die als alte aristokratische Form gewissermaßen das musikalische Ancien régime verkörperte und immer etwas Steifes behielt, fanden um 1800 bestimmte Errungenschaften der Buffa, vor allem das großangelegte Ensemble, Eingang. Umgekehrt bediente sich die Buffa, wo es sinnvoll war, der großen Formen und des hohen Tons der ernsten Oper. Die verschiedensten Mischformen wurden gebildet.

Wie nun Rossini an diesem Prozeß mitwirkte, wie er das reiche Formenrepertoire, das er vorfand, sich zu eigen machte, indem er es modifizierte und die verschiedenen kompositorischen Richtungen miteinander verband, werden wir im nächsten Kapitel behandeln. Zunächst ist es noch wichtig, weitere grundsätzliche Fragen zu erörtern.

Daß der Text einer Oper grundsätzlich etwas anderes ist als der eines gesprochenen Stücks, versteht sich von selbst. Ein Librettist darf keine literarischen Ambitionen haben; er muß, um einen guten Operntext zu

schreiben, wie Ludwig Tieck sagte, «vorerst mit dem Musiker ganz ein-
verstanden sein» und sich «völlig dem Musiker unterordnen, ja aufop-
fern»[51]. (Die Konsequenz zogen dann Männer wie Wagner, Pfitzner oder
Busoni, indem sie sich ihre Texte selbst schrieben.) Denn ein Libretto
unterliegt völlig anderen Gesetzen als ein gesprochenes Drama. Das ist
aber nicht nur einschränkend zu verstehen, sondern auch im Sinne zusätz-
licher Möglichkeiten. Beides wird klar, wenn man eine entsprechende

Giovanni Battista Rubini als Otello. Zeichnung, um 1820

Karl Friedrich Schinkel: Dekorationsentwurf zu «Otello», Berlin 1821

Szene in Schauspiel und Libretto vergleicht: Vieles vom gesprochenen Text muß bei der musikalischen Umsetzung entfallen; umgekehrt aber bekommt manches, was auf der Sprechbühne nur kurz oder beiläufig war, bei der Vertonung großen Raum. Detaillierte Aussagen müssen entfallen, aber Situationen und Zustände – Stimmungen, Ahnungen, Erwartungen – lassen sich auf unvergleichliche Weise darstellen.

Betrachten wir dazu eine berühmte Szene der Weltliteratur und ihre Vertonung durch Rossini: Desdemona erwartet Othello. Sie kleidet sich aus, um zu Bett zu gehen, und spricht mit Emilia. Der umfangreiche Dialog, in dem Angst und Unsicherheit vorherrschen, wird durch ein altes Lied vom Weidenbaum, dem Symbol der Einsamkeit, unterbrochen. In den Refrain mischen sich gesprochene Bemerkungen und leiten wieder in normalen Sprechton über. Die eindringliche Wirkung des «Willow-Song» bei Shakespeare (IV 3, 41 ff), liegt darin, daß innerhalb einer wortreichen Szene die tragische Zuspitzung noch durch einen lyrischen Einschub aufgehalten wird. In der Oper ist das Verhältnis umgekehrt: Die angstvolle Spannung kann nicht durch lange Unterhaltungen erreicht werden, sondern liegt im Lied selbst, das sich von Strophe zu Strophe steigert, mehrfach auf einer Dissonanz innehält und durch rezitativische Einschübe unterbrochen wird. Ein besonderer Kunstgriff besteht darin, daß, bevor Desdemona ihren Gesang beginnt, aus der Ferne das Lied eines Gondoliere erklingt. Er singt Verse aus Dantes «Divina commedia»: *Kein anderer Schmerz ist größer, als im Elend vergangenen Glücks zu gedenken.*[52] Damit wird von vornherein eine Atmosphäre geschaffen, die sich mit Worten nicht hervorrufen ließe. (Die Rezeption des *Otello* hat nicht erst durch das Gewicht von Verdis Alterswerk gelitten, sondern schon vorher durch die Einwände gegenüber dem Text, der in der Tat keinerlei Vergleich mit Shakespeare standhält, der aber auch, wie zur Ehre des Librettisten gesagt werden muß, nicht als Übertragung der Tragödie, also als Literaturoper im modernen Sinn gedacht war, sondern auf einer Renaissancenovelle von Giambattista Giraldi basierte.)

Daß die Oper – eine Kunstform, «wo man bei der Zerstörung einer Stadt Arietten singen und um ein Grab tanzen muß» (Voltaire) – es dem rationalistischen Nachdenken schwermacht[53], ist eine alte Last, die sie tragen muß. Schiller vermied es, ins Theater zu gehen und «einem Autodafe über Natur und Dichtkunst – einer großen Oper – beizuwohnen»[54]. In der Tat: Sowohl Natürlichkeit und Realität als auch literarisch anspruchsvolle Sprachgestaltung sind in der Oper unmöglich. Sie ist von vornherein antirealistisch. Es geht in ihr ja nicht um alltägliches Sprechen und Agieren, nicht um logische Zusammenhänge, sondern um festliches, allegorisches Spiel, um Künstlichkeit und Stilisierung. Der Wirklichkeit des Lebens wird, als eine höhere Wahrheit, die Schönheit des Augenblicks gegenübergestellt. Und man trieb das Paradox der Gattung, das darin liegt, sich auf denkbar unnatürliche Art, nämlich durch äußerst schwierigen Gesang, zu äußern, auf die Spitze: im Belcanto nämlich, der gedacht war als Triumph menschlicher Kunstfertigkeit.

Der Belcanto war eine spezifische Kunst, die sowohl die Technik als auch den Stil des Singens betrifft. Seine erste Forderung lautet: schöner Ton, schön gebildete Linie, vollkommene Beherrschung der Stimme und stilistisch richtige Anwendung der Verzierungen. Erst danach geht es um Qualitäten wie Ausdruck, Charakterisierung und ähnliches. Was aber heißt «schön», was heißt «richtig»? Das waren nicht nur Geschmacksfragen, sondern es gab durchaus Maßstäbe für die Beurteilung eines Sängers, sowohl auf die materielle Seite bezogen (Klang und Technik der Stimme) als auch auf die ästhetische (ihren stilistisch angemessenen Einsatz). Beides hatte eine lange Schultradition. Lehrbücher wie die von Manuel García oder Mathilde Marchesi bildeten die Grundlage der Gesangsausbildung. Auch Rossini, der ja selbst von Haus aus Sänger war, hat in späteren Jahren entsprechende Übungen, *gorgheggi vocalizzati* publiziert. Für alles gab es Regeln, Maßstäbe, Vorbilder. Und ob eine Sängerin oder ein Sänger bruchlos von einem Stimmregister ins andere wechseln kann, ob die Stimme trägt, ob Tonbildung und Phrasierung, Triller und Koloratur, Attacke, Portamento, Agilität und Messa di voce für sich genommen gut und richtig sind und dabei auch den Charakter des jeweiligen Stücks angemessen zur Geltung bringen – dies und etliches mehr ließ sich auf Grund von klaren Kriterien beurteilen.

Zur Kunst des Belcanto gehörte es, jede Melodie spontan auszuzieren. Nicht das Notierte eines Stücks, sondern die jeweils unterschiedliche Ausführung war entscheidend. Die Komponisten spielten also *eine ziemlich untergeordnete Rolle und lieferten den Sängern gewöhnlich nur Skizzen, welche jene nach Belieben ausfüllten*[55]. Der Notentext wurde als Gerüst verstanden, das erst von den Sängern mit Leben erfüllt wurde. Stendhal schreibt dazu von der größten Sängerin seiner Zeit: «Für Madame Pasta ist ein und dieselbe Note in zwei verschiedenen Seelenlagen sozusagen nicht derselbe Klang», sie habe in 30 Vorstellungen des *Tancredi* jedesmal Nuancen in Tonfall und Ornamentierung gebracht, aber «so winzig klein, daß kein Maestro sie aufschreiben könnte».[56] Natürlich wurde oft genug des Guten zuviel getan. Der berühmte Giovanni Battista Velluti sang beispielsweise die Kavatine aus dem *Aureliano* so, daß der Komponist persönlich sie nur sehr schwer wiedererkannte. Ähnliches wird immer wieder erzählt. Es führte dazu, daß Rossini (seit *Elisabetta, regina d'Inghilterra*, 1815) die Koloraturen in den Noten meist ausschrieb – wohlgemerkt nicht etwa (wie man aus heutiger Sicht meinen möchte), um sie besonders schwierig zu gestalten, sondern im Gegenteil: um sie vor der Willkür der Sänger, die oft noch sehr viel mehr oder stilistisch unangebrachte Fiorituren anbrachten, zu bewahren.

Bei solchen ausgeschriebenen Verzierungen handelte es sich nicht um sklavische Vorschriften, sondern um stilistische Anleitungen für die Ausführung. Die Primadonnen und Primi uomini hatten (und haben) weiterhin das Recht, ihre jeweiligen Fähigkeiten in die Gestaltung des Gesangs einzubringen. Und wer etwa, um ein ganz konkretes Beispiel herauszugreifen, einige der zahlreichen Aufnahmen der Rosina-Arie *Una voce poco fa* aus dem *Barbiere di Siviglia*, die seit der Frühzeit der Schallplatte vorliegen, miteinander vergleicht, erlebt etwas von diesem Reiz des Variierens: Neben der «Urtext»-Fassung (z. B. Teresa Berganza, 1971) kann man schlechthin alle verschiedenen gesangstechnischen Spezialitäten in verschiedenen Mischungen erleben: Staccati, Triller, schnelle Sprünge, lang ausgehaltene Töne, chromatische Läufe über anderthalb Oktaven und ähnliches. Da sind die Soprane mit besonders hoher Tessitura, die das Ganze von E-Dur einen Halbton höher transponieren und wie die Nachtigallen trällern, um mit einem abschließenden, lang ausgehaltenen f''' (dem Spitzenton der Königin der Nacht) zu brillieren (am eindrucksvollsten Elvira de Hidalgo, die Lehrerin der Callas, auf einer Platte von 1909), und da sind andererseits die Mezzosoprane, die neben großer Agilität der Stimme eine sichere Tiefe haben und – wie Marylin Horne ganz

Alternative Verzierungsvorschläge der Sängerin Mathilde Marchesi zu Takt 25 bis 28 in Rosinas Cavatine «Una voce poco fa»

unvergleichlich – die exponierten Sprünge nicht in die hohe, sondern die untere Oktave machen. In solchen Aufnahmen spiegelt sich die alte Praxis alternativer Verzierungsmöglichkeiten, wie sie von großen Sängerinnen des 19. Jahrhunderts, etwa von Jenny Lind oder Mathilde Marchesi, auch schriftlich fixiert wurden.[57]

Die höchste Vollendung des Belcanto verkörperten die Kastraten. Sie hatten die nötige *Ausdauer der Respiration* für die langen, verzierten Melodien, *sei es nun, daß ihre gründlichen Studien oder ihre körperliche Constitution ihnen dazu verhalfen*[58]. Unter ihnen waren einige der bedeutendsten Musiker des 18. und frühen 19. Jahrhunderts. Jürgen Kesting hat in seinem grundlegenden Werk über «Die großen Sänger» die paradoxe Tatsache beschrieben, «daß eine künstlich hergestellte und ihrer geschlechtlichen Eigenarten beraubte Stimme die Wirkung von größter Natürlichkeit und erregender Sinnlichkeit ausübte»[59]. *Man kann sich keine Vorstellung machen von dem Reiz der Stimme und der vollendeten Virtuosität, die – mangels eines gewissen Etwas und zum wohltätigen Ausgleich – diese braven Leute besaßen. Sie waren auch unvergleichliche Gesangslehrer. Ihnen war allgemein der Gesangsunterricht in den den Kirchen angegliederten und auf deren Kosten unterhaltenen Schulen anvertraut, von denen einige berühmt waren. Die Schüler strömten ihnen in Menge zu, und eine Anzahl von ihnen verließ den Singchor, um sich der Theaterlaufbahn zu widmen.*[60]

Zu aber Tausenden ließen Eltern fünf- bis siebenjährige Knaben entmannen – in der vagen Hoffnung, sie würden später als Sänger Karriere machen. Die Ausbildung ging über Jahre und schloß täglich mehrere Stunden stimmtechnischer wie musikalisch-stilistischer Übungen ein. Die wenigen, die nicht als Chorsoprane oder Gesangslehrer in der Provinz endeten, erlangten höheren Ruhm und Wohlstand als jeder andere Musiker. Sowohl an Kunstfertigkeit als auch in der Beseelung der Musik kam ihnen, wie immer wieder berichtet wird, niemand gleich. Allerdings – sie brauchten auch für den Spott nicht zu sorgen. Lichtenberg etwa beschrieb in seinen Erläuterungen zur «Marriage à la Mode» von William Hogarth (1785) einen italienischen Sänger (denselben übrigens, den Hofmannsthal und Graf Kessler als Vorlage für das «Rosenkavalier»-Lever nahmen): «Eines der lieblichsten Pfeifchen, die das Stimm-Messer je aus italienischem Rohr geschnitten hat. Aber man sehe nur hin! Gütiger Himmel! was für ein ekelhafter Dudelsack aus dem Meisterstück der Schöpfung wird, sobald es die Kunst unternimmt, aus ihm ein Flötenwerk zu schnitzeln. Dem talgigen Unterkinn fehlt beides, Bart und Kraft... Dadurch erhält das Mäulchen eine gewisse milchbreiichte, schlabberichte Unbedeutsamkeit, die, wenn sie bei einem Erwachsenen noch irgendeinen Reiz für den Anschauer hat, es in der Welt kein anderer sein kann, als der zum Draufschlagen.»[61] Andere urteilten milder; etwa Goethe, der

William Hogarth: «Marriage à la Mode», Stich IV. 1785

meinte, daß «die schöne und schmeichelhafte Stimme der Castraten...
gar leicht mit allem aussöhnt, was allenfalls an der verkleideten Gestalt
Unschickliches erscheinen möchte»[62].

Dem Zeitalter der Kastraten wurde durch den Code Napoléon, der die
Entmannung verbot, ein Ende gesetzt. Damit hat *die eigentliche Kunst
des Belcanto aufgehört; man muß das zugestehen, wenn man diese auch
nicht zurückwünschen kann*[63]. Parallel dazu vollzog sich ein grundlegen-
der Wandel in der Opernästhetik: War die alte Opera seria ein allegorisches Festspiel gewesen, so erhielt sie im 19. Jahrhundert immer mehr
realistische Züge. Es ging nicht mehr um stilisierte Affekte, sondern um
die Darstellung wirklicher Leidenschaften. Statt des ästhetischen Genus-
ses perfekter Kunstfiguren wollte man Menschen aus Fleisch und Blut auf
der Bühne sehen und ihre privatesten Gefühle miterleben – aus der Per-
spektive der alten Oper ein vulgäres Bestreben. Das vorherrschende
Thema war nicht mehr der tragische Grundkonflikt, sondern die individuelle, und hier in erster Linie die erotische Leidenschaft. Dafür kam ein
Kastrat nicht mehr in Frage; als romantischer Liebhaber wäre er eine
lächerliche Figur. (Die Buffa, die von vornherein am Alltagsleben orientiert war und deshalb keine Kastratenpartien enthielt, war eine Gattung,

die ohnehin mit Rossini und Donizetti zu Ende ging.) Infolge dieser Entwicklung wurden die alten Kastratenrollen entweder in die Tenorlage transponiert (daher die große Zahl hoher Männerpartien etwa in *Armida, Otello* oder *Elisabetta, regina d'Inghilterra*, die diese Werke heute so schwer aufführbar machen), oder sie wurden von einer Frau gesungen.

Damit ist noch ein grundsätzliches Problem angesprochen, das manchen heutigen Opernhörer irritiert: die Darstellung von Männerrollen durch Frauen. Sie war gang und gäbe; die größten Sängerinnen brillierten nicht nur als keusche Jungfrau, Göttin, Königin, sondern auch als männ-

Beverly Sills und Marilyn Horne in «L'assedio di Corinto» an der Mailänder Scala. Um 1960

Giuditta Pasta
in der Titelrolle
des «Tancredi».
1820–30

liche Helden. Giuditta Pastas Glanzrolle war der Tancredi. Auch andere
Feldherrn wie Arsace (in *Semiramis*) oder Ottone (in *Adelaide di Bor-*
gogna) wurden von einer Sopranistin verkörpert – ja, in einigen Aufführungen sogar der Otello. Eine seltsame Vorstellung für uns, aber hier gilt
dasselbe, was Goethe für den umgekehrten Fall erläutert, daß nämlich
(etwa in der Antike und bei Shakespeare) Frauenrollen durch Männer
gespielt wurden: «Man empfand hier das Vergnügen, nicht die Sache
selbst sondern ihre Nachahmung zu sehen, nicht durch Natur sondern
durch Kunst unterhalten zu werden, nicht eine Individualität sondern ein
Resultat anzuschauen.»[64]

«Weltherrscher der Musik»

Schon Stendhal sprach vom «Interregnum von 1800–1812 zwischen Cimarosa und Rossini»[65], in dem die italienische Musik ermattet darniedergelegen habe. Zwar wurden immer weiter Opern produziert, aber mehr in routinierter Fortsetzung der Tradition als mit neuen Impulsen. Generali, Fioravanti, Paër, *vor allem aber Simon Mair waren an der Tagesordnung*[66], sie mußten sich jedoch ebenso wie Luigi und Giuseppe Mosca, Coccia, Zingarelli und die vielen anderen damals berühmten Meister bereits zu Lebzeiten den Vorwurf gefallen lassen, Epigonen zu sein.

Rossini aber war, nachdem 1813 in Venedig der *Tancredi* über die Bühne gegangen war und Jahr für Jahr eine Reihe weiterer, ernster wie heiterer Opern folgte, zum populärsten Komponisten Europas, zum «Weltherrscher der Musik» geworden. Was an seiner Musik allgemein faszinierte, war ihre wahrhaft «unerhörte» Wirkung, für die es schlechterdings keine nüchternen Beschreibungen zu geben schien. Man glaubte sich im Fieberrausch, man fühlte sich «elektrisiert». Was da erklang, brillant und aufreizend, gewaltig fortschreitend, sich steigernd und in ekstatischem Fortissimo explodierend, ging über alles Dagewesene hinaus. Neben dem zündenden, mitreißenden Schwung – in den Ouvertüren wie den instrumental geprägten Gesangsnummern – stand eine berückende Anmut der lyrischen Teile. Solche Extreme des Effektes, auf engem Raum nebeneinander, hatte es in der Musikgeschichte noch nicht gegeben.

Rossini als moderner Künstler, als Meister überwältigender Wirkungen, als Personifikation des Vitalen in der Musik – so sah man ihn. Natürlich gab es auch genügend kritische Stimmen, grundsätzliche Verächter der italienischen Oper aus dem Lager der französischen oder deutschen Schule oder solche, denen die Effekte zu vordergründig waren. Die zeitgenössischen Gazetten waren angefüllt mit Hymnen und Verrissen, und 1823 hieß es in einer deutschen Rezension: «Über Rossini wird man wahrscheinlich erst dann auf ganz gerechte und unparteiische Weise entscheiden, wenn die Abgötterung auf der einen Seite und die absolute Verdammung auf der anderen sich erst gegenseitig werden ausgeglichen haben.»[67]

Manche Argumente der Pro-Rossini-Seite klingen in ihrer Begeisterung für Tempo, Lautstärke und Kraft geradezu wie eine Vorahnung der ein Jahrhundert später in Italien bei Marinetti oder Pratella formulierten futuristischen Ideen. «Außergewöhnliche Schnelligkeit» und «immer neue Frische» sind dabei die hervorstechendsten Begriffe. Ihnen gegenüber muß jede andere Musik schwach und langweilig wirken. «Die Musik unserer Tage ist ihrem Wesen nach schnell (rapida)», betont 1823 Gertrude Righetti-Giorgi, die erste *Rosina* und *Cenerentola* und lebenslange Parteigängerin Rossinis. Mit «rapidità» ist hier nicht das metronomisch schnelle Tempo, sondern die innere Spannung gemeint: «Ich sage ja nicht, daß die Largo-Sätze so schnell sein sollen wie die Allegri. Nein, aber auch die Larghi erklingen, ohne daß die Sinne der Hörer zur Ruhe

Domenico Cimarosa (1749–1801). Porträtbüste von Antonio Canova

Geltrude Righetti-Giorgi (1793–1862)

kommen.»[68] Damit sind die typischen langsamen Sätze bei Rossini ange-sprochen, in denen es gleichsam unter der Oberfläche vibriert – eine in-nere Erregung, die kompositorisch durch eine Folge kurzer Repetitionen auf einen Pulsschlag sinnfällig gemacht wird. In unserer Zeit hat der Kriti-ker Fedele d'Amico den vorherrschenden Wesenszug von Rossinis Musik als «spirito orgiastico» (überschäumenden Geist) und «allegrezza vitale» bezeichnet. Damit ist nicht nur lebensvolle Fröhlichkeit im Sinne von Lu-stigkeit oder Komik gemeint, sondern eine spezifische Form von Heiter-keit: ein Ausbruch von Lebensfreude, wie es ihn in der Musikgeschichte zuvor nicht gegeben hat.[69]

Es ist schwer, solche Begriffe analytisch zu fassen. Aber ein charakteristi-sches musikalisches Phänomen bietet sich wohl zur Betrachtung an: die Dynamik, verbunden mit insistierendem Wiederholen und Anwachsen des instrumentalen Apparates, kurz: das Rossinische Crescendo. Wo-durch ist es charakterisiert, worin unterscheidet es sich von anderen?

Das Crescendo war ein altes, grundlegendes musikalisches Ausdrucks-und Wirkungsmittel, das man seit dem frühen 18. Jahrhundert auch als dynamische Vorschrift niederschrieb. In der zweiten Hälfte des 18. Jahr-hunderts wurde es überaus populär. Das berühmte «Mannheimer Cre-scendo», ein allmähliches Anschwellen über mehrere Takte – verbunden

47

mit sequenzierenden Figuren, der sogenannten «Orchesterwalze» – war aber keineswegs auf die Mannheimer Schule beschränkt. In einem Bericht Johann Friedrich Reichardts heißt es über eine Jommelli-Aufführung 1774 in Rom, daß «die Zuhörer sich bey dem Crescendo allmählich von den Sitzen erhoben, und bey dem diminuendo erst wieder Luft schöpften und merkten, daß ihnen der Athem ausgeblieben war»[70].

Wieviel stärker mußte nun die Wirkung bei Rossini sein, als die traditionellen Mittel noch forciert wurden! Arbeit mit einfachen metrischen Modellen, zündende Melodik, strenger formaler Bau, Sequenzreihungen, dazu dynamische und instrumentale Wechsel mit glanzvollen Steigerungen: Insgesamt entsteht eine flächenhafte Anlage aus Spannungs- und Entspannungsfeldern, die den Hörer in den Bann zieht. Das wird am deutlichsten in den rein instrumentalen Kompositionen, den Ouvertüren. Ihnen legt Rossini ein Formschema zugrunde, das mit geradezu mechanischer Präzision abläuft: Einleitung (langsam, oft im Charakter eines *Maestoso*), schneller Hauptteil mit zwei Themen, die sich frei entfalten, gerafft und erweitert werden, dann plötzlich in einem Ritardando innehalten, neu ansetzen und schließlich in eine krönende Coda münden. In Wiederholungen und Sequenzierungen wird das Material nicht symphonisch durchgeführt, sondern gereiht. Dadurch entsteht eine flächige, großräumige Wirkung. Das Modell, nach dem dies abläuft, ist reproduzierbar (wenn der junge Schubert «Ouvertüren im italienischen Stil» schrieb, so war dies eben der Stil Rossinis). Aber nicht nur in den Ouvertüren, sondern auch in Arien und Ensembles setzt Rossini sein Crescendo ein. Das Motivmaterial, das er verwendet, ist für sich genommen melodisch unbedeutend, ja oft von geradezu provokativer Banalität: kurze Motive oder nur Motivfetzen, aber rhythmisch prägnant und von zündender Schlagkraft durch ihren simplen Tonika-Dominant-Wechsel, repetierende Begleitung und die Insistenz, mit der sie zum immer weiter hinausgeschobenen Ende vorwärtsdrängen. Das mechanische Element, die Präzision der ineinandergreifenden, steigernden Glieder war das entscheidend Neue des Rossinischen Crescendo.

Vielleicht reicht es nicht, ein solches Phänomen nur musikalisch zu beschreiben. Ludwig Tieck gab eine literarische Erklärung, indem er einem seiner Schauspiele eine Ouvertüre vorangestellt hat – aber keine klingende, sondern eine aus Worten. «Warum soll es denn so gesetzt anfangen? Ei nein! wahrhaftig nein, ich will lieber sogleich alle Instrumente durcheinanderklingen lassen!» heißt es da, wo es ums Anschwellen des Klanges gehen soll, um wildes Getöse und Durcheinander. Aber das Crescendo selbst antwortet: «…doch freilich mit Verstand, denn nicht sogleich, urplötzlich, erhebt sich der Sturm, er meldet sich, er wächst, dann erregt er Teilnahme, Angst, Furcht und Lust, da er sonst nur leeres Erstaunen und Erschrecken veranlassen würde.»[71]

Kalkulierter Sturm, planmäßig fortschreitende Feuersbrunst – das wären auch Bilder für Rossini. Das Crescendo der *Cenerentola*-Ouvertüre etwa, eine stetig anwachsende Folge von Frage- und Antwortgesten, kehrt im Finale des 1. Aktes wieder, wobei im Text das langsame Entstehen eines Brandes ausgedrückt wird (*sottoterra piano a piano, poco a poco si sviluppi un certo fuoco*). Ein einfacher Spannungsverlauf von Stau und Entladung liegt solchem Crescendo zugrunde. Er läßt sich auch auf andere Vorstellungen übertragen: neben Feuer, Sturm, Gewitter etwa das langsame Zünden einer Lunte, bis der Kanonenschuß losgeht (Don Basilios Verleumdungsarie im *Barbiere*), das Anwachsen momentaner Konfusion zum völligen Wahnsinn (*L'italiana in Algeri*, Finale 1. Akt) oder auch den selbstverliebten Taumel, wenn Don Magnifico (*La Cenerentola*) im Rausch des Weines all seine Titel aufzählt. Figaros *Cavatina* wird uns in diesem Zusammenhang noch näher beschäftigen.

So unverwechselbar das Crescendo bei Rossini wurde – zeitgenössische Komponisten wie Giuseppe Mosca, Paër und andere machten ihm das Recht streitig, als sein Erfinder zu gelten. Daran mag etwas sein. Die Frage ist bisher nicht geklärt (ebensowenig übrigens wie die, woher die populäre «hm-tata»-Begleitung im Orchester stamme, die – von Wagner als «monströse Gitarre» bezeichnet – bis zum mittleren Verdi geradezu eine Klangsignatur der italienischen Oper blieb). Am Rande sei bemerkt, daß der Typus des flächig angelegten, wie in einem Strudel mitreißenden Crescendo (4 mal 8 Takte, periodisch als 4 + 4 gegliedert und sequenzierend, dazu mit enormer orchestraler Steigerung) bereits in der Coda des 1. Satzes aus Beethovens «Eroica» (1803/04) begegnet. Wie dem auch sei – die Geschichte des Crescendo ist noch nicht geschrieben. Fest steht, daß Rossini derjenige war, der es populär gemacht hat, so sehr, daß man ihn bei seiner Ankunft in Paris mit «Monsieur Crescendo» titulierte.

Eine Entwicklung, die sich schon im letzten Drittel des 18. Jahrhunderts durchgesetzt hatte, betraf das Phänomen der Gattungs- und Stilmischung. Librettisten und Komponisten lockerten sowohl die strenge Abschirmung der Seria gegenüber den Elementen der Buffa, besonders in den Ensembles, und nahmen umgekehrt (man denke nur an Mozarts «Don Giovanni») ernste Elemente in die Buffa auf. Die französische Operntradition gewann Einfluß, ebenso bestimmte Formen des Sprechtheaters, vor allem das bürgerliche Rührstück und die Comédie larmoyante (erinnert sei an Donizettis «Don Pasquale» oder «Elisir d'amore», wo die Verbindung des typisiert Komischen mit dem mitleiderregenden Individualschicksal unverkennbar ist). Auch andere literarische Gattungen wurden prägend für die Oper: So entstand Rossinis *La donna del lago*, «ein eher episches als dramatisches Werk»[72] (1819), nach dem damals populären Roman «The Lady of the Lake» von Sir Walter Scott. Mischformen verschiedenster Couleur begegnen immer häufiger, wie

Gaetano Donizetti
(1797–1848).
Anonymes Porträt

schon an den Gattungsbezeichnungen ersichtlich: Neben Opera seria
(auch Dramma in musica) und Opera buffa (auch Dramma giocoso) lauten sie Dramma semiserio oder Dramma serio-comico, Melodramma tra-
gicomico oder Melodramma eroicomico, Farsa sentimentale und ähnlich.
Durch den französischen Einfluß kommen auch im Italienischen Begriffe
wie Grande opera, Tragedia lirica, Melodramma tragico usw. hinzu. All
diese unterschiedlichen Bezeichnungen sind aber nicht eindeutig; zuweilen wechseln sie bei demselben Werk. Ausschlaggebend war letztlich
nicht die künstlerische Gestaltung, sondern – wie schon in den alten Thea-
tergattungen – die soziale Stellung einer Figur: Sie bewirkte die Zuord-
nung zum ernsten oder komischen Bereich. Für Götter und Herrscher
galten allemal Erhabenheit und Würde (lediglich Amor trieb seine oft

verhängnisvollen Späße); andererseits war eine Handlung, die im bürgerlichen oder ländlichen Milieu spielte, von vornherein kein Stoff für eine Seria – mochte sie auch noch so traurig sein.

Bei Rossini tritt diese Entwicklung in doppelter Weise in Erscheinung. Zum einen: Sein Buffostil kennt als Extreme sowohl die ungetrübte Heiterkeit (etwa in einer frühen Farsa wie *La cambiale di matrimonio* oder auch in einer reinen Buffa wie *Il turco in Italia*) als auch das moralisierende Besinnungs- und Rührstück, in dem ein bejammernswert ungerechtes, trostloses Schicksal nur dadurch nicht zur Tragödie wird, daß eine unvorhersehbare Wendung zum Guten eintritt (zum Beispiel in *La Cenerentola* oder stärker noch in *La gazza ladra*). Zum anderen: Rossinis musikalischer Stil nähert das Idiom der Buffa und der Seria derart einander an, daß sie über weite Strecken austauschbar werden. Die Gründe dafür liegen nicht nur in seiner häufigen Indifferenz gegenüber dem Text und seinem vornehmlichen Bestreben um «Effekt», sondern auch in äußeren Gegebenheiten. Als Folge der Französischen Revolution war nämlich die alte Opera seria, die im 18. Jahrhundert eine rein aristokratische Form der Bühnenkunst war, «verbürgerlicht»: vom Hoftheater ins öffentliche Opernhaus; von den großen alten Themen, in denen die Hofgesellschaft sich selbst projiziert wiederfinden konnte, hin zu allgemeineren, das breite Publikum bewegenden Problemstellungen. Im Zuge einer solchen Entwicklung bedurfte es nur eines kurzen Schritts, daß Opernstoffe selbst zum Träger mehr oder minder offen vorgetragener Kritik an den Zuständen der Zeit wurden.

Wir werden später an Hand konkreter Beispiele darauf kommen, zunächst nur soviel: Rossinis Bedeutung für seine Zeitgenossen hatte nicht nur eine ästhetische, sondern auch eine politische Komponente. Denn seine Musik, die die italienischste aller Künste erneuert hatte, bot zugleich Momente der nationalen Identifikation. Das über Jahrhunderte zwischen Kirchenstaat, Spanien, Habsburg und Frankreich aufgeteilte und durch zahllose Kriege erschütterte Italien drängte im 19. Jahrhundert nach Freiheit und nationaler Einheit. Aber noch war es ohnmächtig: «Italien sitzt elegisch träumend auf seinen Ruinen, und wenn es dann manchmal bei der Melodie irgendeines Liedes plötzlich erwacht und stürmisch emporspringt, so gilt diese Begeisterung nicht dem Liede selbst, sondern vielmehr den alten Erinnerungen und Gefühlen, die das Lied ebenfalls geweckt hat, die das Italien immer im Herzen trug, und die jetzt gewaltig hervorbrausen, – und das ist die Bedeutung des tollen Lärms, den Sie in der Scala gehört haben.»[73] So formulierte Heinrich Heine, und es gibt mehrere ähnlicher Deutungen Rossinis, die man auf die kurze Formel bringen könnte: Haben die anderen – wer immer die fremden Herrscher sein mögen – das Sagen, so bleibt uns das Singen.

Richard Wagner
(1813–83).
Lithographie
von Doyen.
Um 1860

«Meine Kunst seufzt nach ihrem Vaterlande», schrieb Theodor Körner in
Deutschland[74]; Rossinis Musik wurde – wohl ohne daß er sie so gemeint
hatte – von vielen Italienern ähnlich empfunden.

Eine Frage, die sich jedem stellt, der sich mit Rossini beschäftigt, betrifft
die ästhetische Bewertung seiner Musik. Für die einen blieb er lediglich
ein Verfasser «amüsanter Gaukeleien» – so Richard Wagner in seiner
Schrift «Oper und Drama»[75], die in großen Partien eine Auseinander-
setzung mit der italienischen Oper und ihrem wichtigsten Repräsentanten
ist –, für die anderen war er der Inbegriff musikalischer Schönheit. Lobes-
hymnen und Verrisse – es würde zu weit führen, alle Facetten dieses Für
und Wider auch nur anzudeuten, denn es spielten ganz unterschiedliche
ästhetische Positionen hinein. Nicht nur Wagner mit seiner zukunftwei-
senden Idee vom Musikdrama stand der Rossinischen Oper ablehnend

gegenüber, genauso die konservativen, bewußt an barocke Vorbilder anknüpfenden deutschen Musiker, für die Heinrich Heine, der glühendste
Apologet Rossinis, prophezeite: «Die Verächter italienischer Musik...
werden einst in der Hölle ihrer wohlverdienten Strafe nicht entgehen, und
sind vielleicht verdammt, die lange Ewigkeit hindurch nichts anderes zu
hören, als Fugen von Sebastian Bach.»[76]

Wie fragwürdig im allgemeinen die Bewertung eines Komponisten, wie
schwankend sie im besonderen Fall Rossinis ist, zeigt sich allenthalben.
Ob man sich über ihn unterhält, ob man die Komponistenporträts im
Foyer der Opernhäuser betrachtet oder Publikationen über die großen
Meister der Musik vergleicht – stets trifft man auf große Unterschiede in
der Beurteilung. In Italien oder England hat er einen hohen Rang im
allgemeinen musikalischen Bewußtsein, in Deutschland dagegen scheint
er, ungeachtet der Renaissance, die sein Werk gegenwärtig erfährt, eher
eine periphere Figur zu sein. Solche Sicht steht allerdings der Anschauung in der ersten Hälfte des 19. Jahrhunderts entgegen. Bezeichnend ist
das Wort Raphael Georg Kiesewetters, des großen Erforschers alter Musik, der 1834 mit Blick auf seine eigene Zeit von der «Epoche Beethovens
und Rossinis» sprach. Beethoven und Rossini – beide standen für zwei
Grundprinzipien der Musik: symphonischer Stil, bis ins Letzte durchgearbeitete Satzkunst und Entwicklungsformen auf der einen Seite; flächiges al fresco, brillante Dekorationskunst auf der anderen. Beide können
auch als erste Exponenten einer Teilung in «hohe» und «niedere» Musik
verstanden werden, die bis heute (man denke an die Unterscheidung in
U- und E-Musik[77]) anhält. Und beide waren Repräsentanten jener «zwei
Kulturen der Musik», die den Begriff vom musikalischen Kunstwerk in
unterschiedlicher Weise prägten. Wie Carl Dahlhaus dazu ausgeführt hat,
stellen Beethovens Partituren «unantastbare musikalische ‹Texte› dar,
deren Sinn durch Interpretationen, die als ‹Auslegungen› zu verstehen
sind, entschlüsselt werden soll. Dagegen ist eine Rossini-Partitur bloße
Vorlage für eine Aufführung, die als Realisierung eines Entwurfs – und
nicht als Auslegung eines Textes – die entscheidende ästhetische Instanz
bildet. Die Aufführung als Ereignis – und nicht das Werk als tradierter,
von Zeit zu Zeit tönend ‹ausgelegter› Text – ist der Bezugspunkt, um den
Rossinis musikalisches Denken kreist.»[78]

Hier ist einerseits die Opernpraxis mit ihren Parodien, Entlehnungen
usw. angesprochen, andererseits das gewandelte kunsttheoretische Verständnis: Oper war ja für Rossini keine autonom musikalische Gattung,
sondern Theaterkunst, die sich nach den jeweils vorhandenen Gegebenheiten richten mußte. Im späteren 19. Jahrhundert dagegen beanspruchte
die Partitur eines Bühnenwerks ebenso die Würde großer Musik wie eine
Symphonie oder ein Streichquartett. Bei so gewandelter Anschauung
konnte der ehemals Weltherrscher nur noch ein regionaler Fürst im Reiche der Musik sein.

Rossini um 1820. Gemälde von Vincenzo Camuccini

«Figaro hier, Figaro da...»

Es scheint sinnvoll, neben den zahlreichen übergreifenden Aspekten, die sich bei der Betrachtung von Rossinis Schaffen ergeben, zwei Werke näher zu untersuchen, auf Details einzugehen und von ihnen aus auf Grundsätzliches hinzuweisen. Die beiden hier und im folgenden Kapitel vorgestellten Opern bieten sich aus vielerlei Gründen dazu an.

Zunächst soll von einer der populärsten Komödien die Rede sein. Ihre Handlung ist in den Grundzügen wohlbekannt, dennoch müssen wir sie uns zunächst noch einmal vergegenwärtigen, denn sie ist ziemlich kompliziert:

Vor einiger Zeit hatte Graf Almaviva in Madrid ein junges Mädchen zufällig auf der Straße gesehen, war sofort verliebt und folgte der unbekannten Schönen in der Hoffnung, ihr nahezukommen. Das gelang freilich kaum. Eine Gelegenheit, sich ihr vorzustellen und seine Liebe zu offenbaren, ergab sich nicht. Nur soviel: Er erfährt, daß sie Rosina heißt und aus Sevilla stammt; das Mädchen und seine Begleitung erfahren, daß der ständig gegenwärtige, lästige Mann der Graf Almaviva sei.

Nach dieser Exposition setzt die eigentliche Handlung ein: Wir befinden uns in Sevilla. Der Graf – er ist ihr nachgereist – geht vor dem Haus auf und ab, in dem Rosina wohnt und sich gewöhnlich zur Morgenstunde kurz auf den Balkon begibt. Er ist inkognito: Niemand kennt ihn und darf ihn kennen. Selbst Rosina soll, wenn sie seine Liebe erwidert, nicht den Grafen, sondern den Menschen lieben. Als sie nun dem schönen unbekannten Jüngling, der da allmorgendlich vor dem Haus wartet, ein Notenblatt zuspielt (sie hat ihn natürlich längst bemerkt und Zuneigung zu ihm gefaßt), stellt er sich ihr – singend zur dort notierten Melodie – vor: Seinen Namen gibt er mit Lindoro an (ein Märchenname aus der Hirten- und Liebespoesie), sein Stand sei gering, aber seine Liebe rein und ewig. Rosina nimmt den Refrain des Liedes auf und beteuert ihrerseits die Liebe zu Lindoro.

Nun hat die Dramaturgie der Komödie vor der Vereinigung der Liebenden Hürden gebaut, die schwer zu nehmen sind. Da ist der alte Dr. Bartolo, Arzt und Vormund Rosinas. Er will sie (denn sie ist nicht nur schön, sondern auch reich) heiraten. Eifersüchtig hütet er sein Mündel vor jeder Begegnung mit Dritten. Sein Argwohn kennt keine Grenzen. Als er erfährt, der Graf Almaviva sei, aus Madrid kommend, in Sevilla abgestiegen, wittert er höchste Gefahr für seine Absichten und beschließt, so schnell wie möglich zu handeln: Noch heute will er sie heiraten. Dabei soll ihm Don Basilio, ein Musiklehrer im geistlichen Stand, helfen. Der ist ebenso bestechlich wie intrigant und wird durch einen Beutel Münzen motiviert, alles zur Hochzeit vorzubereiten und seine Spezialität, eine *calunnia* (Verleumdungskampagne), in Gang zu setzen, um den Grafen Almaviva auszuschalten.

Gegen diese geballte Macht von Argwohn und Bosheit kann selbst die reine Liebe der jungen Leute nichts ausrichten. Da bedarf es eines ebenso raffinierten, besser: noch raffinierteren Kopfes. Er war schon zu Anfang auf den Plan getreten: Figaro, ein Tausendsassa, der Gedichte macht und sich in allerlei Künsten versucht hat (mit wenig Erfolg), der aber schließlich mit seinem Handwerk als Barbier zufrieden ist – kommt er doch so unter die Leute und kann sich durch allerlei Handreichungen etwas dazuverdienen (der Bader fungierte ja oft auch als Wundarzt, Tierarzt und Helfer in sonstigen Alltagsdingen). Figaro hatte dem Grafen Almaviva früher einmal gedient. Nach langem Hin und Her verschlug es ihn dann nach Sevilla, und hier begegnen sich die beiden wieder. Der Zufall will es, daß er mit den Verhältnissen im Haus Dr. Bartolos bestens vertraut ist; er geht dort ein und aus. Dem alten Geizkragen ein Schnippchen zu schlagen und der netten Rosina zu ihrem Glück zu verhelfen, dafür vom Grafen, nein: von Lindoro, auch noch gut belohnt zu werden – das ist nach seinem Geschmack.

Er präpariert erst einmal die Bedienten des Doktors für seine Zwecke, indem er den einen durch Schlaf-, den anderen durch Niespulver außer Gefecht setzt. Er belauscht das Aushecken des Heirats- und Verleumdungsplans zwischen Bartolo und Basilio. Er ist überhaupt ständig gegenwärtig. Als er Rosina berichtet, daß Lindoro sie liebe und sie um ein Zeichen ihrer Zuneigung bäte, ziert sie sich zunächst, holt dann aber prompt einen längst vorbereiteten Brief hervor: raffiniert also auch sie, gewitzt durch den Umgang mit ihrem ekligen Vormund. Der ist doppelt auf der Hut. Er entdeckt, daß Rosinas Finger Tintenspuren aufweisen und daß ein Blatt Papier fehlt, worauf Rosina höchst fadenscheinige Erklärungen vorbringt: Anlaß für manchen komödiantischen Effekt.

Figaros Strategie zielt darauf, daß sich Lindoro und Rosina sehen, sich sprechen und fliehen können, bevor der Alte sie heiratet. Erster Versuch: Almaviva/Lindoro erscheint als Offizier verkleidet, ist betrunken und fordert Quartier im Haus Dr. Bartolos. Er kann immerhin Rosina ein Zettelchen zuspielen (wiederum Anlaß für Bartolos Argwohn und trickreiches Komödienspiel); im übrigen muß er wieder gehen, denn Bartolo ist im Besitz eines Zertifikats, das ihn von militärischen Einquartierungen befreit. Zweiter Versuch: Almaviva/Lindoro erscheint als Musiklehrer verkleidet und gibt sich als Don Alonso aus, Schüler des angeblich kranken Don Basilio. Natürlich wittert Bartolo wieder Gefahr und wird nur dadurch beruhigt, daß Don Alonso ihm einen Brief Rosinas an Lindoro aushändigt, den – so Don Alonso – er vom Grafen Almaviva erhalten habe (wohlgemerkt: Bartolo weiß ja von Lindoro nichts; er kennt nur den Grafen und will ihn unschädlich machen); und dieser Almaviva sei im übrigen ein Schurke und spiele nur mit Rosinas Liebe. Bartolo glaubt hier die von Basilio angezettelte *calunnia* zu spüren und vertraut daraufhin diesem Musiklehrer. In der Gesangsstunde singt Rosina eine reich verzierte Arie, und als Bartolo kurz eingenickt ist, gibt sich Don Alonso ihr als Lindoro zu erkennen. Unerwartet und zum Entsetzen aller Anwesenden tritt der vermeintlich todkranke Basilio ein. Von Figaro erhält er eine volle Geldbörse zugesteckt, fühlt sich darauf bereitwilligst krank und zieht sich wieder zurück. Während Don Alonso Rosina etwas von geplanter Entführung zuflüstert, schnappt Bartolo nur ein Stichwort auf: *travestimento* (Verkleidung) – Grund genug, ihn wütend hinauszujagen. Nun ist höchste Eile geboten. Er bestellt noch für dieselbe Nacht den Notar, um den Ehekontrakt zu unterzeichnen. Er zeigt Rosina jenen Brief, den Alonso ihm ausgehändigt hat, und sagt, er habe ihn vom Grafen Almaviva erhalten. Hier findet das ganze Quiproquo seinen Höhepunkt: Rosina muß denken, ihr Lindoro sei in Wirklichkeit ein Mittelsmann des Grafen und habe seine Liebe nur gespielt. Sie ist auf der ganzen Linie enttäuscht und erzählt Bartolo von der geplanten Entführung. Der entfernt sich und holt die Wache, um die Flucht zu verhindern. Als wenig später Figaro und der Geliebte einsteigen, reagiert Rosina zunächst kühl. Lindoro indes gibt sich als Graf Almaviva zu erkennen, erklärt alles, und die Liebe flammt sofort wieder auf. Der Notar erscheint mit Basilio. Wenige Worte und viel Geld überzeugen ihn schnell, neben Figaro als Trauzeuge zu fungieren. Man unterschreibt eilig den Ehekontrakt, und als Bartolo mit der Wache erscheint, steht er geprellt da: Rosina und Almaviva sind verheiratet. Doch er bekommt auch sein halbes, sein eigentliches Glück, indem Almaviva auf die reiche Mitgift verzichtet und sie Bartolo überläßt.

Eine Komödie der Verwirrungen und Verwicklungen – zwei junge Leute, zwei Alte (der eine intrigant und bestechlich, beim anderen mischen sich Lüsternheit mit Geldgier) und ein gewitzter Kopf, der allgegenwärtig ist, immer etwas mehr weiß als alle anderen und der die Fäden der Handlung in Händen hält – eine Komödie also aus dem Geiste der alten Commedia dell'arte. In der Tat liegen die Wurzeln der Handlung wohl im italienischen Stegreifspiel mit seinen Typen. Aber diese Komödienform war im 18. Jahrhundert bereits eine europäische, zumindest eine romanische Form geworden. Wir finden sie in Spanien und Frankreich ebenso wie in Italien selbst.[79]

Drei Daten dieser Geschichte sind in unserem Zusammenhang wichtig: 1775, 1782 und 1816.

1775 schrieb Pierre Augustin Caron de Beaumarchais seinen «Barbier de Séville». Das Stück verlangte geradezu nach Musik (es enthält mehrere Liedeinlagen, war ursprünglich übrigens als Opéra comique geplant und hat über weite Strecken librettoartige Züge), und nicht weniger als zehn Komponisten haben es vertont.[80] Die beiden wichtigsten – Paisiello und Rossini – wollen wir vergleichen.

1782 schrieb Giovanni Paisiello seine Opera buffa «Il Barbiere di Siviglia» für St. Petersburg. (Aus Süditalien stammend, war er von 1776 bis 1784 russischer Hofkomponist, Nachfolger Giuseppe Sartis und Vorgänger Cimarosas und brachte es später auch in Frankreich als Komponist der Festmusik zur Kaiserkrönung Napoleons 1804 zu höchsten Ehren. Schon diese biographischen Stichwörter beleuchten die Rolle der Italiener im internationalen Musikleben.) Der «Barbiere di Siviglia» nahm of-

Giovanni Paisiello
(1740–1816)

Pierre Augustin Caron de Beaumarchais (1732–99)

fenbar auch im Œuvre Paisiellos eine Sonderstellung ein: Seit der Premiere in St. Petersburg sind Aufführungen in fast 30 Städten bekannt, und sie stand – eine große Ausnahme – jahrelang auf dem Spielplan.[81]

Das dritte Datum: 1816. Im Karneval, am 20. Februar, wurde Rossinis *Il barbiere di Siviglia* (noch unter dem Titel *Almaviva, ossìa L'inutile precauzione* – Almaviva oder die nutzlose Vorsicht) im römischen Teatro di Torre Argentina uraufgeführt.[82] Diese Premiere rief einen der berühmtesten Skandale der Musikgeschichte hervor. Ob es die Parteigänger Paisiellos waren, die trotz der Versicherung, man wolle «das Publikum ganz der Hochachtung und tiefen Verehrung versichern, die der Komponist der gegenwärtigen Oper dem hochberühmten Paisiello gegenüber empfindet»[83], die Aufführung störten, ob es schlicht an einer mißglückten Aufführung lag – es läßt sich nicht mehr entscheiden. Jedenfalls galt der Skandal nicht einer beliebigen Opera buffa, sondern einem Werk, das Anstoß erregte – im doppelten Sinn des Wortes: beim Publikum seiner Zeit und in seiner historischen Wirkung. Mit diesem Datum begann Rossinis *Barbiere di Siviglia* seinen Siegeszug um die Welt.

Paisiello dagegen wurde für lange Zeit von der Bühne verdrängt und war bald vielen Musikfreunden nur noch dem Namen nach, oft eben nur durch diesen Skandal, im Bewußtsein. Dabei ist sein «Barbiere» von 1782, aus historischer Distanz gesehen, keineswegs «schlechter»; nur war er im Jahre 1816 nicht mehr modern. Er verkörperte eine vergangene Epoche. Darum bietet es sich für uns an, die beiden Figaros – Hauptwerke zweier Generationen von Opera buffa – im folgenden etwas eingehender zu betrachten und aus ihrem Vergleich einige allgemeine Beobachtungen abzuleiten.

Paisiellos Oper (das Libretto stammt von Giuseppe Petrosellini) schließt sich in ihrem Handlungsablauf, in den Konstellationen der Figuren zueinander und im Plan der Intrigen eng an die Vorlage von Beaumarchais an. Auch bei Rossini und seinem Librettisten Cesare Sterbini bleibt die Verknüpfung der Handlungsfäden im großen und ganzen erhalten. Allerdings werden einzelne Gewichte anders gesetzt, die Charaktere der Hauptfiguren schärfer herausgearbeitet und einige Chargen ausgewechselt.

Eine Tatsache scheint zunächst beiläufig: Rossini setzte im Gegensatz zu Paisiello den Chor ein.[84] Das hatte jedoch weitreichende Konsequenzen für die Anlage der Oper, und zwar für die dramaturgisch entscheidenden Szenen, die Finali. Es ist weniger auffällig am Schluß des 2. Aktes, also am Ende der Oper, wo der Auftritt des Chors kaum zwingend wirkt und in Aufführungen auch meist weggelassen wird. Ganz entscheidend wird es aber im Finale des 1. Aktes. Man vergleiche die entsprechenden Szenen: Bei Paisiello ist die Funktion des verkleideten Lindoro erfüllt, sobald er seinen Brief hat fallen und in Rosinas Hände gelangen lassen; er kann sich ebenso schnell zurückziehen, wie er gekommen war. Ganz anders bei Rossini: Der Krawall im Haus des Dottore ruft die Hüter der öffentlichen Ordnung auf den Plan. Hier schafft das Auftreten des Offiziers mit seinen Wachsoldaten eine unerwartete, folgenreiche Situation. Eben wollen sie, wie es ihre Pflicht und aus der Sicht Dottore Bartolos ganz in der Ordnung ist, den Störenfried Lindoro verhaften; da gibt sich dieser dem Offizier als Graf Almaviva zu erkennen. Zur allgemeinen Verblüffung läßt die Wache von ihm ab. Wie versteinert steht Bartolo da, die Ordnung seiner Welt scheint auf den Kopf gestellt. Sein Umkippen von größter Erregung in Bewegungslosigkeit (*Freddo ed immobile come una statua/Fiato non restagli da respirar – starr und unbewegt wie eine Statue hat's ihm den Atem verschlagen*) und der Wechsel wieder von starrem Entsetzen in atemlose Hektik sind Momente höchst buffonesker Wirkung.

Rossini hat aber dadurch, wie er im 1. Finale den Chor einsetzte, aus der aufführungspraktischen Not mehr als eine Tugend gemacht; er hat das alte Postulat der Opera buffa, wie es von Lorenzo Da Ponte formuliert worden war, glänzend erfüllt: «Das Finale... ist eine Art von Komödchen oder kleinem Drama für sich. Es verlangt eine neue Verknüpfung der Handlung und ganz spezielle Bemühungen. In ihm muß alles ganz besonders zur Geltung kommen: das Genie des Kapellmeisters, die Kraft der Sänger und die größte theatralische Wirkung. Das Rezitativ ist ausgeschlossen. Alles wird gesungen, und jede Gesangsart muß vorkommen: Adagio, Allegro, Andante, Amabile, Armonioso, Strepitoso, Arcistrepitoso, Strepitosissimo [deutsch etwa: ein Mordslärm]. Damit schließt ein Finale faßt immer. Man nennt das in einem musikalischen Begriff die Chiusa [von chiudere = schließen] oder Stretta [von stringere = zusammenpressen]; ich weiß nicht ob deshalb, weil sich in ihr die Form des Dramas zusammenzieht oder weil sie im allgemeinen nicht ein- sondern hundertmal das arme Hirn des Dichters, der die Worte schreiben muß, auspreßt. In diesem Finale müssen – das ist Theaterregel – alle Sänger, egal wieviele und auf welche Weise, auf der Bühne erscheinen. Selbst wenn es dreihundert wären, müssen sie allein, zu zweien, zu dritt, zu sechst, zehnt und sechzig ihre Soli, Duette, Terzette, Sextette, Sechzigtette singen. Und wenn die Anlage des Dramas es nicht erlaubt, muß der Dichter es möglich machen, ungeachtet des gesunden Menschenverstandes und aller Aristotelesse der Welt. Und wenn sich dann zeigt, daß es schlecht geht, umso schlimmer für ihn.»[85] In unserem Fall also: um so besser für Sterbini und Rossini.

Allerdings kommen durch diese Maßnahme einige bei Beaumarchais vorgegebene Handlungsmomente zu kurz: Bartolos Neugierde, den Brief zu lesen; Rosinas Beteuerung, es handle sich um ein belangloses Stück Papier; Bartolos Insistieren; Rosinas vorgetäuschte Ohnmacht; Bartolos heimliche Lektüre des falschen Briefes; seine Einsicht, doch allzu argwöhnisch gewesen zu sein und sein Bitten um Vergebung; Rosinas scheinheiliges Einlenken – all dies sind Momente von äußerst komödiantischer Wirkung. Bei Paisiello stehen sie im Rezitativ und können auf der Bühne voll ausgespielt werden.[86] Bei Rossini dagegen sind sie im großen Ensemble aufgegangen, ohne noch im einzelnen angemessen zur Geltung zu kommen.

Es gibt zwischen den beiden Barbier-Vertonungen noch eine Reihe weiterer, mehr oder weniger gewichtige Unterschiede.[87] Indem Rossini bestimmte Eigenschaften Paisiellos steigert, andere dagegen fallenläßt, spiegeln sie den Wandel wider, den die Gattung Oper im Laufe einer Generation vollzogen hatte. Darüber hinaus zeigen sie Rossinis sicheren Instinkt, mit dem er seine eigenen Möglichkeiten einzuschätzen wußte: Nur dort wagte er den Vergleich mit dem älteren Kollegen, wo er sich seiner Sache sicher war. Beispielsweise übernahm er nicht Beaumarchais' äußerst wirkungsvolle Szene zwischen Dr. Bartolo und seinen beiden Dienern, denen von Figaro Schlaf- und Niespulver verabreicht worden war und die nun ständig gähnen und niesen müssen. Genauer gesagt: Er hat sie nicht auskomponiert, sondern nur beiläufig als Rezitativ gebracht; er war sich klar, das Terzett Paisiellos, ein Kabinettstück komödiantischer Musik, nicht übertreffen zu können.

Diese Szene bei Paisiello verdient einen Augenblick unsere Aufmerksamkeit, denn an ihr lassen sich allgemeine Wesenszüge der älteren Opera buffa, an die Rossini anknüpfen sollte, erkennen. Ihr Reiz liegt in der ungewöhnlichen Analogie zwischen musikalischer und szenischer Situation: Beide gehen nämlich von denselben gestisch-suggestiven Elementen, dem Gähnen und Niesen der Diener sowie dem polternden Umhertappen Bartolos, aus. Musikalisch entsprechen ihnen a) ein Motiv aus einem lang anschwellenden, gleichsam gestauten Ton, gefolgt von einem zweiten, kurz mit Akzent, b) eine schnelle auftaktige Zweitonfolge (dem italienischen «eccì» oder deutschen «hatschi» nachgebildet) und c) eine Reihe stampfender Achtelschläge. Diese drei winzigen Motive werden – und das ist ein grundlegendes Prinzip der Buffakomposition – zu einem metrischen Modell vereinigt, das ständig wiederkehrt. Es ist im vorliegenden Fall nicht länger als zwei Takte, aber dieses kurze Modell bestimmt über weite Strecken den musikalischen Ablauf. Er besteht aus periodischen Reihungen und Sequenzbildungen. Sie sind in ein einfaches harmonisches Schema eingebunden. Dynamische und instrumentale Wechsel kommen hinzu. Insgesamt entsteht eine flächenhafte Anlage, die nicht auf Entwicklung, sondern auf Spannung und Entspannung angelegt ist. Der so entstandene Orchestersatz liefert den Rahmen oder das «Gerüst», in dem die Singstimmen sich frei entfalten können.[88]

Dies sind, kurz angedeutet, charakteristische kompositionstechnische Verfahren der älteren Buffa, wie wir sie nicht nur bei Paisiello, sondern bei allen Meistern dieser Gattung seit Beginn der Napolitanischen Schule (Alessandro Scarlatti, Leonardo Vinci, Leonardo Leo, Giovanni Battista Pergolesi usw.) bis hin zu Mozart, Piccinni und Cimarosa finden.

Rossini übernimmt diese Technik, mehr noch: Er verabsolutiert das Prinzip des Gerüstes vielfach. Dabei bleibt es harmonisch und instrumental gleich, ändert auch seinen dynamischen Verlauf kaum und wird in der Gesamtanlage einer Nummer zum unveränderten Baustein, zur Schablone. Als Beispiel dafür – es steht für viele, besonders in den großen Ensembles – lassen sich drei Teile aus der berühmten *Cavatina* Figaros betrachten: Das Orchester spielt in ihnen jedesmal dasselbe; geändert sind einzig Figaros Rufe, die sich in den instrumentalen Rahmen einfügen:

Beim erstenmal (Takt 17–40) singt er nicht mehr als «Trallala», auf italienisch *La ran la lera, la ran la la*,

beim zweitenmal (Takt 163–186) zählt er alle auf, die ihn rufen und etwas von ihm wollen *Tutti mi chiedono, tutti mi vogliono, donne, ragazzi, vecchie, fanciulle, qua la parrucca, presto la barba, qua la sanguigna, presto il biglietto... Tutti mi chiedono, tutti mi vogliono* etc. (*Alle rufen mich, alle wollen mich, Damen, Jungen, alte Frauen, junge Mädchen, hier die Perücke, schnell den Bart, hier rote Schminke, schnell das Billett... Alle rufen mich, alle wollen mich* etc.),

«Il barbiere di Siviglia». Szenenfoto einer Aufführung der Mailänder Scala mit Salvatore Baccaloni (Bartolo), Benvenuto Franci (Figaro), Feodor Schaljapin (Don Basilio), Toti dal Monte (Rosina) und Tito Schipa (Almaviva). 1933

beim drittenmal schließlich ahmt er die Rufe der anderen nach, antwortet und kommentiert sich selbst *Figaro... son qua. Ehì Figaro... Son qua. Figaro qua Figaro là, Figaro su Figaro giù. Pronto prontissimo son come il fulmine, sono il factotum della città...* (*Figaro... da bin ich. He Figaro... da bin ich. Figaro hier Figaro da, Figaro oben Figaro unten. Stets bereit wie der Blitz, ich bin das Faktotum der ganzen Stadt...*)

Drei in ihrer überschwenglichen Lebensfreude gleiche, was aber ihre konkrete Aussage und ihre Länge betrifft, völlig unterschiedliche Texte. Sie werden über derselben Begleitung gesungen und sind dabei in ständig wechselnder Weise (auf- oder volltaktig, wenige oder viele Silben) in den Rahmen des Orchestersatzes eingepaßt.[89]

Fassen wir die *Cavatina* im ganzen ins Auge, so werden weitere typische Verfahren Rossinis deutlich. Die Anlage ist kettenförmig. Zunächst wie ein regelrechtes Rondo mit den Gliedern A B A C A D beginnend (wobei B unsere oben genannte, unverändert wiederkehrende «Schablone» ist), folgen dann ein modulierender Mittelteil E E', ein ritardierender Einschub F, Wiederaufnahme von C, B, neuer Formteil G, wieder B und als Stretta eine Erweiterung des tarantellaartigen Motivs D. Der Bau dieser Glieder ist klar periodisch; aus kurzen Motivzellen werden zwei- oder viertaktige Gruppen gebildet, die mehrfach – in Oktavlage oder Instrumentengruppe wechselnd – wiederholt oder sequenziert werden. Dabei entsteht durch häufige motivische Verschränkungen (indem der Schlußtakt der einen und der Anfang einer anderen Gruppe zusammenfallen) eine vorwärtsdrängende Wirkung, die den Charakter des *Allegro vivace* unterstützt. Ebenso übersichtlich wie diese formale Anlage verläuft die harmonische Disposition: 16 Takte Orchestereinleitung, dann 84 Takte C-Dur, 50 Takte Mittelteil mit einfachem Modulationsgang (G-Dur/Es-Dur), wieder 84 Takte C- mit einer Ausweichung nach As-Dur und 40 Takte Stretta. (Schon diese Zahlen belegen eine klare proportionale Gliederung.)

Insgesamt also finden wir weder motivische Arbeit noch komplizierte harmonische Entwicklungen, sondern eine lockere Aneinanderfügung teils gleicher, teils wechselnder Teile. Alle Begriffe, die sich beim analytischen Betrachten aufdrängen – Reihung, Einschub, Wiederholung, Redikt (das heißt die unmittelbare Aufeinanderfolge gleicher Elemente) usw. – scheinen auf etwas Schematisches, Starres, Statisches zu deuten. Woher kommt es aber, daß die Musik als ganze (und das gilt natürlich nicht nur für diese *Cavatina*, sondern für Rossinis Stil überhaupt) alles andere als starr oder gar leblos, daß sie im Gegenteil ausgesprochen vital wirkt? Der Grund dafür ist gerade dieses additive, mechanisch steigernde Prinzip, das großflächig angelegt ist und die motivischen Impulse – um im Bild der formalen Beschreibung zu bleiben – wie bei einer Kettenreaktion von einem Element zum anderen zündend weitergibt. Der Hörer wird geradezu physisch mitgerissen. Solche Wirkungen gab es zwar schon früher, in folkloristischen Tanzformen (etwa der Tarantella), in bestimmten motorischen Bewegungstypen der Barockmusik oder auch in den Plapperarien und Ensembles der älteren Buffa, in dieser ausschließlichen, halsbrecherischen Art aber waren sie eine Erfindung Rossinis.

Betrachten wir die dramaturgische Situation dieser *Cavatina*: Figaro tritt auf und besingt seine glückliche Lage: *Ah, che bel vivere,/che bel piacere/per un barbiere/di qualità... Miglior cuccagna/per un barbiere,/ vita più nobile/non, non si dà...* (*Ach, wie schön zu leben, was für eine Freude für einen Barbier von Qualität... Eine größere Herrlichkeit, ein edleres Leben gibt es für einen Barbier nicht...*) Danach begegnet er dem Grafen; es entspinnt sich ein Dialog, der nach kurzem Wortgeplänkel sofort das auslösende Motiv der ganzen Geschichte benennt: Almavivas Liebe zu Rosina. Damit wird der Fluß der Handlung gefördert, aber wir erfahren nichts weiter über Figaro. Bei Paisiello dagegen wird er dem

Rossini mit seinen Hauptfiguren: Manuel García (Almaviva), Joséphine Fodor-Mainville (Rosina) und Felice Pellegrini (Figaro). Karikatur zur ersten Aufführung des «Barbiere di Siviglia» in Paris, 1819

Publikum zunächst vorgestellt und menschlich nahegebracht: Er improvisiert ein Lied, begegnet dem Grafen von ferne, erkennt ihn (auskomponierte Szene) erst langsam, erzählt ihm dann (Rezitativ und Arie[90]) von

65

seinem – durchaus nicht nur erfolgreichen – Leben, von ständigem Umherziehen, auch von literarischen Reinfällen; aber alles habe ihm letztlich seine gute Laune nicht nehmen können. Was bei Paisiello musikalisch-szenisch entwickelt wird, ist bei Rossini in wenigen Takten Rezitativ und der *Cavatina* zusammengedrängt worden: Paisiello führt die Figur ein, Rossini stellt sie hin. Was die Gestalt dabei an blitzendem, gleichsam gebündeltem Glanz gewinnt, geht ihr an menschlicher Farbe verloren. Die überströmende Lebenslust des Rossinischen Figaro, seine durch nichts getrübte Freude an der eigenen Person engt die Figur stark ein. Diesem selbstsicheren Glückspilz steht Paisiellos Barbier gegenüber – auch gewitzt, aber jemand, der sich «nur mit dem Rasiermesser, ohne Geld» hat durchschlagen müssen und dem Nackenschläge (besonders auf literarischem Felde, wo er Ehrgeiz hatte) nicht erspart blieben: ein mehrschichtiger Charakter, so wie er bei Beaumarchais vorgegeben war; Rossini dagegen hat ihn eher als Marionette im Sinne der Commedia dell'arte vor der Zeit Goldonis behandelt.

Dieser unterschiedlichen Sicht entspricht die musikalische Darstellung bis ins Detail. Der vergleichsweise volksnahen, unaufdringlichen Musik Paisiellos steht Rossinis mit instrumentalen Effekten auftrumpfende *Cavatina* gegenüber. Sie ist eine Bravournummer, die das Moment des Virtuosen in den Vordergrund stellt und eine überlegene Gesangstechnik, insbesondere geläufige Koloraturen und schnelle, präzise Sprünge erfordert.

Nun kann man natürlich einwenden, Rossinis Zuschauer hätten die Geschichte gekannt, sie brauchten Figaros Vergangenheit nicht mehr im einzelnen erzählt zu bekommen, sondern Rossini und sein Librettist Sterbini hätten hier ganz an die Zukunft der Handlung denken und jene Eigenschaften exponieren können, die später entscheidend werden: Witz, Geschäftigkeit, Überlegenheit. Das trifft sicher zu, aber nur zu einem Teil. Denn dasselbe gilt auch für die Behandlung anderer Figuren, wie man etwa aus dem Vergleich der Vertonungen der *calunnia*-Arie des intriganten Don Basilio (dessen sprechender Name bei Beaumarchais Bazile = Bazillus lautet) ersehen kann.[91] Auch bei Rosina bemerken wir eine Tendenz vom mehrschichtigen Charakter hin zu brillanter Einseitigkeit. Freilich ist sie bei Paisiello auch gewitzt, aber daneben doch auch inniger, ja trauriger Züge fähig, bei denen wir nicht nur gespielte Tränen, sondern «echte Töne» im Sinne der traditionellen Tonsprache vernehmen (z. B. die charakteristische Trauertonart f-Moll, Seufzerfiguren usw.). Paisiellos Rosina zeigt sich zart und fühlend, reagiert oft unsicher oder ist um Antworten verlegen. Bei Rossini dagegen behält sie nicht nur stets die Contenance, sondern erfindet, wenn es darauf ankommt, Notlügen, gleichsam ohne rot zu werden; ja – sie hat einen Zug zum Maliziösen, den sie mit Frauenfiguren Donizettis wie Adina in «Elisir d'amore» oder Norina in «Don Pasquale» teilt. Sie ist Figaro, der ihr bescheinigt, *o che*

Carlo Goldoni
(1707–93)

volpe sopraffina, eine *raffinierte Füchsin* zu sein, absolut ebenbürtig. Dementsprechend bildet ihre Cavatina *Una voce poco fa*, eine echte Primadonnenarie, das genaue Pendant zu Figaros Auftrittsnummer.

Solche Betonung der brillanten Züge findet sich nicht nur in der Figurenzeichnung, sondern in Rossinis musikalischer Sprache allgemein. Das Instrumentale dominiert sowohl durch die Besetzung, das Ausmaß der Orchesterteile (bei Paisiello fehlen meistens die später typischen Einleitungen), die Betonung instrumentaler Effekte, als auch im Charakter der Musik: Primat des Virtuosen vor dem Natürlichen, des rein Artistischen vor dem menschlich Nahen. Lassen sich die Melodien Paisiellos ohne weiteres nachsingen, so liegt der Reiz bei Rossini kaum in der Faßlichkeit der Melodie als vielmehr in ihrer vitalen Wirkung. Sie scheint nicht von der melodischen Linie selbst, sondern von der Idee ihrer virtuosen Präsentation auszugehen. Sie zielt von vornherein auf technische Brillanz.

Zuweilen wird ein Abschnitt über lange Strecken unverändert wiederholt. Das ist beispielweise der Fall beim Auftritt des Grafen Almaviva (alias Lindoro) zu Beginn des 2. Aktes, der, als Musiklehrer Don Alonso verkleidet, das Vertrauen Dr. Bartolos gewinnen will. Dies ist übrigens eine bezeichnende Stelle für die Umsetzung einer komischen Theater- in eine komische Opernszene. Bei Beaumarchais besteht der Auftritt aus ganzen zwei Sätzen: Don Alonso begrüßt Bartolo: «Mögen Frieden und Freude in diesem Hause walten!» Darauf Bartolo lakonisch: «Noch nie war ein Wunsch unangebrachter. Was wollen Sie?» Der Witz besteht darin, daß der eigentlich nette Gruß tatsächlich völlig unangemessen ist, denn Bartolo befindet sich in höchster Aufregung und will eilig handeln. Zum anderen argwöhnt er – mit Recht, wie der Zuschauer weiß –, daß der, der hier Frieden wünscht, in Wirklichkeit ein Störenfried ist. Seine Skepsis kommt in der knappen Replik und der Frage «Was wollen Sie?» zum Ausdruck. Schon Paisiello hat diese Szene musikalisch ausgeführt. Das für Bartolo, der auf Kohlen sitzt, Unangebrachte des Grußes erhält sein musikalisches Äquivalent in penetranter Wiederholung. Bartolo kommentiert «Ohime, che noia – O je, welche Einfalt», erwidert den Gruß aber zunächst, um dann seinen Argwohn auszudrücken: «Ah! der ist imstande und kommt um mich zu betrügen.» Das ist zwar zunächst als musikalischer Gegensatz ausgeführt, wird dann aber parallel zu Alonsos weiteren Worten gesungen. Die komische Wirkung bei Paisiello bezieht sich also nur auf den beharrlichen Gruß. Rossini geht einen Schritt weiter – nicht nur darin, daß er die Insistenz des Grußes bis zum Überdruß steigert, sondern auch, indem er das beiseite (a parte) Gesprochene auch musikalisch absetzt. Die Skepsis Bartolos, die bei Beaumarchais gerade in der schroffen Kürze der Antwort lag, wird bei Rossini durch einen wortreichen Einschub dargestellt. Diese Technik des musikalischen a parte-Einschnitts – selbes Tempo, aber abgesetztes, rasant schnelleres Bewegungsmaß (im vorliegenden Beispiel von Achteln zu Zweiunddrei-ßigsteln) – ist typisch für Rossinis Ensembles.

Auf dem Weg zum Musikdrama

Als Beispiel für die ernste Gattung soll uns die geistliche Oper *Mosè* näher beschäftigen. Sie handelt von einem biblischen Stoff: der Gefangenschaft der Israeliten in Ägypten und ihrer Befreiung durch Moses. Besonderes Interesse verdient sie, weil mehrere Fassungen vorliegen. An ihnen läßt sich Rossinis Entwicklung einer neuen musikdramatischen Konzeption verfolgen – ein Weg, der von der typisierten Oper zum durchkomponierten musikalischen Drama führte.

Am 5. März 1818 wurde im Teatro San Carlo zu Neapel *Mosè in Egitto* uraufgeführt. Bühnentechnische Mängel, vor allem eine ungenügende Darstellung des Roten Meers[92], riefen allerdings einen – bei diesem Werk eben nicht willkommenen – Heiterkeitserfolg hervor, so daß Rossini ein Jahr später, als die Oper wieder aufgenommen wurde, entscheidende Korrekturen vornahm. Vor allem änderte er den 3. Akt, indem er an der Stelle, als die Meerszene einen längeren Umbau erfordert, die Juden ein Gebet, eine *Preghiera*, auf den Text *Dal tuo stellato soglio* singen läßt. (In dieser veränderten Form wurde das Werk auf vielen Bühnen gegeben, und unabhängig davon ging die Melodie der *Preghiera* bald um die ganze Welt.)

1827 unterzog er das Werk für die Pariser Opéra einer nochmaligen, sehr viel tiefer gehenden Revision. Es kam dort als *Moïse et Pharaon ou Le passage de la Mer Rouge* (oder auch nur *Moïse*) heraus und bildet neben *Le siège de Corinthe* (Paris 1826, nach dem napolitanischen *Maometto II* von 1820) und *Guillaume Tell* (1829) die Summe aller Auseinandersetzungen mit der französischen Tradition – ja die Summe seines ernsten Opernschaffens überhaupt. Ein Pariser Kritiker verglich die revidierte Fassung mit dem ursprünglichen *Mosè in Egitto* und meinte: «Maestro Rossini hat die ausgezeichnete Skizze eines jungen Künstlers in die vollendete Komposition eines reifen Genies verwandelt» und dabei «die alten, schwachen Überbleibsel des ancien régime, das man die Opéra nannte, verjüngt».[93]

Bald wieder ins Italienische zurückübersetzt, wurde diese endgültige Fassung, der *Mosè*, das ganze 19. Jahrhundert hindurch auf allen wichtigen Bühnen gespielt. Die Gattungsbezeichnung wechselte dabei zwi-

«Le siège de Corinthe». Skizze der Prinzessin und späteren englischen Königin Victoria, 1834

schen *Melodramma sacro, Azione tragico-sacra, Opéra en quatre actes* und *Oratorium*, und neben szenischen Aufführungen hat es auch konzertante – im Konzertsaal wie in der Kirche – gegeben. Dessen ungeachtet ist der *Mosè* aber ein Werk reinsten theatralischen Geistes (was keinen Widerspruch darstellt, denn auch die italienische Kirchenmusik des 19. Jahrhunderts war, wie wir sehen werden, zu einem guten Teil Opernmusik). Das zeigt sich in ganz verschiedenen Bereichen, von der allgemeinen dramaturgischen Behandlung des Stoffs bis in spezielle musikalische Techniken.

«Heute bei Tisch war die heiterste Gesellschaft» – so beginnt Johann Peter Eckermann seine Eintragung über das Gespräch mit Goethe am 7. Oktober 1828, in dem es dann heißt: «Das Theater kam zur Sprache, die letzte Oper, *Moses* von Rossini, ward viel beredet. Man tadelte das Sujet, man lobte und tadelte die Musik; Goethe äußerte sich folgendermaßen: ‹Ich begreife euch nicht, ihr guten Kinder›, sagte er, ‹wie ihr Sujet und Musik trennen und jedes für sich genießen könnt. Ihr sagt, das Sujet tauge nicht, aber ihr hättet es ignoriert und euch an der trefflichen Musik erfreuet. Ich bewundere wirklich die Einrichtung eurer Natur, und wie eure Ohren imstande sind, anmutigen Tönen zu lauschen, während der gewaltigste Sinn, das Auge, von den absurdesten Gegenständen geplagt wird... Ich hätte euch einen ganz anderen Moses machen wollen›», und dann entwirft er aus dem Stegreif den Gang der Handlung nach seinem

Geschmack. (Das wäre freilich eine reizvolle Vorstellung: eine weitere Revision der Rossinischen Oper durch Goethe...)

Zunächst: es gab mehrere Gründe, ein biblisches Thema zu wählen. Der wichtigste war, das allgemeine Theaterverbot während der Fastenzeit zu umgehen. Im übrigen war es zweifellos reizvoll, das gewaltige, allbekannte Geschehen aus dem Alten Testament zum Handlungsvorwurf zu nehmen und mit erzählerischen Motiven auszuschmücken, zumal sich im Gewand eines solchen Stoffs Wünsche, Hoffnungen und Forderungen artikulieren ließen, die in anderem Zusammenhang unweigerlich die politische Zensur auf den Plan gerufen hätten. (Dieser Aspekt, der für die Rezeption des Werks eine wesentliche Rolle spielen sollte und den Balzac in seiner Novelle «Massimilla Doni» hervorhebt[94], wird uns nachher beschäftigen.)

Ein paar Stichworte zum Inhalt: Neben die biblischen Gestalten Moses (*Mosè*), seine Schwester Mirjam (*Maria*), seinen Bruder (in der Erstfassung *Aronne*, später *Elisero* genannt) und den Pharao (*Faraone*) tritt eine Reihe weiterer Figuren: Marias Tochter *Anaíde*, die – der alte dramatische Konflikt – in Liebe mit *Aménofi*, dem Sohn Faraones und seiner Gattin *Sinaíde* verbunden ist, ferner der ägyptische Offizier *Aufide*, der

«Mosè in Egitto», Klavierauszug. Titelblatt von Moritz von Schwind. Wien, 1822

Priester *Osíride*. – Der 1. Akt beginnt damit, daß die Hebräer Gott um Hilfe anflehen, er möge sie aus der Tyrannei der Ägypter befreien. Mosè fordert Geduld und verheißt ihnen ihre Rettung. Er hat seinen Bruder mit einem Gnadengesuch zu Faraone gesandt, und Elisero kehrt mit der Nachricht zurück, der König habe sich erweichen lassen, nachdem ihm die Rache Gottes prophezeit worden sei. Als Zeichen guten Willens hat Faraone Maria und ihre Tochter Anaíde aus der Gefangenschaft entlassen. – Zum Beweis der Verbundenheit Gottes mit seinem Volk erscheint ein Regenbogen. (Auch sonst werden zur Darstellung göttlicher Zeichen und Offenbarungen, theatralisch gesprochen, Prospekte und Maschinen nicht geschont.)

Der eigentliche Held der Handlung ist das Volk, und ihr tragendes Element ist das Wechselspiel zwischen dem einzelnen und dem Kollektiv. Das zeigt sich schon in der ungewöhnlichen Präsenz des Chores. Er ist gewissermaßen allgegenwärtig und gibt selbst dann seine Kommentare zum Geschehen, wenn er vom Sinn der betreffenden Szene her gar nicht zwingend dazugehört. Stets vermittelt er – ob selber handelnd oder als innere Stimme, oratorienhaft, einen Wunsch artikulierend – zwischen privater und öffentlicher Sphäre. Entsprechend wechselt auch die Musik zwischen Nahaufnahme und Totale, zwischen psychologischer Vertiefung und offiziellem Geschehen.

Der Chor erhält hier eine Bedeutung wie nirgends zuvor in der Opernliteratur. Seine großen Massenszenen, die Chortableaus, die man gemeinhin mit Meyerbeer («Il Crociato in Egitto», «Les Huguenots»), mit Bellinis «Norma» oder anderen späteren Werken in Verbindung bringt, findet sich – ebenso wie die vom Chor begleitete Arie – im *Mosè* bereits ausgebildet.

Dagegen tritt die eigentliche Arie an Umfang und Bedeutung zurück. Anders als in einer alten Nummernoper bleibt im *Mosè* der dramatische Zusammenhang gewahrt. Es gibt in der ganzen Partitur keine große Arie mehr, wie man sie aus den typischen Seria-Opern, etwa dem *Tancredi* oder der *Semiramide*, kennt. Die Idee der virtuosen Präsentation einer konzertant empfundenen, konzertant ausgeführten und in großem Steigerungsverlauf angelegten Gesangslinie scheint ganz aufgegeben zugunsten kleiner, prägnanter Soli. Sie sind jeweils in den dramaturgischen Kontext einbezogen. Das geht so weit, daß Rossini – sonst doch der auf Effekt (seiner Musik wie seiner Sänger) bedachte Komponist par excellence – dem Solisten nach seinem Auftritt keine Möglichkeit läßt, den üblichen Szenenapplaus entgegenzunehmen; unmittelbar schließt sich ein Chorsatz, ein neuer Auftritt oder ein weiterführendes Rezitativ an.

Diese Tendenz zum durchkomponierten Drama setzt sich im *Guillaume Tell* fort. Sie weist bereits unmittelbar auf Verdi und kommt auch Wagners Forderung nach dramatischer Wahrheit bereits entgegen. Das

Wilhelm Tell. Lithographie nach dem Erfolg an der Pariser Opéra, 1829

zeigt sich auch darin, daß nicht mehr klar zwischen Rezitativ und Arie geschieden wird, daß das große, flächig angelegte Crescendo auf wenige Stellen beschränkt wird und daß Rossini den *Canto fiorito* nicht mehr allgemein einsetzt, sondern bewußt der Darstellung innerer Gefühle vorbehält (zum Beispiel wenn Anaíde während allgemeiner Freudenstimmung ihre ganz eigenen Schmerzen und Zweifel bekundet).

Viele weitere Aspekte der Rossinischen Musik wären hier zu nennen. Eines nur noch: der symbolische Einsatz der Tongeschlechter – ein einfaches, aber immer wirkungsvolles Ausdrucksmittel. So beginnt der 2. Akt mit der Plage der ägyptischen Finsternis, musikalisch dargestellt durch eine düstere, schleichende Mollphrase als ständig wiederkehrende Begleitfigur. (Diese Szene hatte in *Mosè in Egitto* den Anfang der Oper gebildet.) Das schleichende Motiv klingt auch in der anschließenden Szene noch mehrfach auf, wenn von den Qualen der Finsternis die Rede ist. Und dann, als Faraone die Freilassung der Juden ankündigt, singt Sinaíde in einem kurzen Einwurf auf die Worte *O cara speme* (*O süße Hoffnung*) dieses Finsternis-Motiv in Dur. So behutsam das Mittel der klanglichen Aufhellung an dieser Stelle eingesetzt ist, so monumental kommt es beim Ende der Plage zur Wirkung: Als auf Mosès Wink die Finsternis schwindet und der helle Tag durchbricht, erklingt strahlendes C-Dur – ein Moment, der an die Erschaffung des Lichts ins Haydns «Schöpfung» (einem Lieblingswerk Rossinis) erinnert. Auch die *Preghiera Del tuo stellato soglio* im 4. Akt verdankt ihre überwältigende Ausdruckskraft demselben einfachen Kunstgriff: Zunächst erklingt ein dreimaliger Wechsel zwischen g-Moll und der Paralleltonart B-Dur. Dann aber, in der letzten Strophe, moduliert die Melodie nicht wie zuvor nach g-Moll zurück, sondern wendet sich nach G-Dur – eine «Wende» nicht nur harmonisch, sondern auch emotional: Der flehende Gestus wird zur Hoffnung, ja zur Gewißheit der Rettung. (Übrigens war das Entzücken über diese Stelle so gewaltig, daß das Publikum außer sich geriet. Ohnmachten waren ja ohnehin an der Tagesordnung, aber nach dem Zeugnis eines napolitanischen Arztes mußten «mehr als vierzig allzusehr in die Musik verliebte junge Frauen» wegen Attacken von Nervenfieber oder schweren Krämpfen behandelt werden.[95])

Ungewöhnlich für diese Oper, ja ein Unikum in der bisherigen dramatischen Musik ist es, daß – und auf welche Weise – der letzte Akt mit einem Orchestersatz schließt: Er schildert den Zug der Israeliten durchs Rote Meer, ihre Verfolgung durch die Ägypter sowie deren schreckliches Ende in den wieder zusammenschlagenden Fluten. Hier zieht Rossini zur Darstellung des gewaltigen Vorgangs alle Register der Tonmalerei. Aber nachdem das aufgewühlte Meer das rachsüchtige Heer des Aménofi verschlungen hat, besänftigen sich die Elemente. Kein Triumphgesang der Juden, überhaupt keine lauten Töne, sondern das Bild der befriedeten Natur – so endet das *Melodramma sacro*.

Es ist in diesem Zusammenhang wichtig, einen schon früher erwähnten Aspekt näher anzusprechen: den politischen. Er kommt im *Mosè* unmittelbar zum Ausdruck, wird aber auch in anderen Opern deutlich.

Der verbreiteten Meinung, aus Rossinis Musik spreche der Geist der Restaurationszeit[96], das heißt ein Bedürfnis nach Ruhe im nachnapoleonischen Europa, steht die gegenteilige gegenüber, die aus ihr den Geist der Revolution heraushört. Beides für sich genommen wäre allzu einseitig. Im Unterschied zu manchen Zeitgenossen läßt sich in Rossinis Kunst eine politische Botschaft nicht vordergründig ablesen; doch oftmals schwingt sie mit – nicht nur in den Stoffen, sondern in der Musik selbst. In ihrer mitreißenden Vitalität lebte jener «élan terrible» weiter, der einst die französische Revolutionsmusik befeuert hatte; er äußert sich in aufreizenden Bewegungsimpulsen, rhythmisch scharf konturierten Themen und erregt-punktierter Begleitung. Oftmals nur um des reinen Effektes willen eingesetzt, spürt man zuweilen noch etwas von seiner ursprünglichen semantischen Kraft, zum Beispiel gerade im *Mosè*, wo von Anfang an ein vorwärtsdrängendes Marschmotiv immer wiederkehrt und die Zuversicht in die Rettung symbolisiert, die sich zu kämpferischer Aufbruchsstimmung und Siegesgewißheit steigert. Neben solchen allgemei-

nen Eigenschaften der musikalischen Sprache wurde besonders das Herz-
stück dieser Oper, die berühmte *Preghiera* mit ihrem ergreifenden Gesang der Kinder Israel vor dem Zug durchs Rote Meer, als Flehen der
Italiener um die Befreiung des eigenen Volkes und als Gebet für die politische Einheit ihres Vaterlandes verstanden (die Parallele zum «Va pen-
siero»-Chor aus Verdis «Nabucco» liegt auf der Hand). Das wurde von
allen Zeitgenossen betont. Balzac hat diesen Aspekt in seiner Novelle
«Massimilla Doni» besonders hervorgehoben: «Läßt sich ein reicheres
Thema denken als ein Volk, das seine Freiheit will, durch bösen Willen in
Ketten gehalten wird und, erhoben von Gott, Wunder auf Wunder wirkt,
um seine Freiheit zu erringen?»[97]

Auch sonst blieben die politischen Verhältnisse in Italien zur Zeit des
Risorgimento – wechselnde Fremdherrschaft, Kriege, ständige Bespitze-
lungen – nicht ohne Einfluß auf die Oper. Wer etwa die *Gazza ladra*
(1817) betrachtet, spürt durch alle vordergründige Heiterkeit hindurch
den tiefernsten Hintergrund des Sujets, in dem sich die Alltagswirklich-
keit spiegelt: Leben in Angst und Verfolgung, Kriegsrecht, Todesstrafe,
dann plötzlicher Friedensschluß nebst Amnestie – das sind auslösende
Momente für die Handlung.

Selbst eine so ungetrübt heitere Komödie wie *L'italiana in Algeri*
(1813), hinter deren turbulentem Treiben man nichts als die reine Buffolaune vermutet, hatte für die Zeitgenossen eine politische Dimension. In
der Mitte des Stücks nämlich singt die Titelfigur Isabella ihr Rondo *Pensa
alla patria, e intrepido il tuo dover adempi! – Denk' an das Vaterland und
erfülle unerschrocken deine Pflicht! –* ein zwar unter rauschenden Koloraturen versteckter, aber unüberhörbarer Appell an Freiheitsdrang und Na-
tionalgefühl. Das Wort «la patria», bis zum 18. Jahrhundert in erster
Linie die Heimatstadt und deren Umgebung bezeichnend (Machiavellis
Idee vom Principe, der Italien eint, war Utopie geblieben), hatte mit der
Bewegung des Risorgimento einen neuen, revolutionären Klang erhalten. Wer laut von Italien sprach, ja schon wer beispielsweise – so wird
berichtet – Dante in der Öffentlichkeit zitierte, machte sich in den Augen
der österreichischen Polizei verdächtig.

Es wäre in diesem Zusammenhang aufschlußreich, mehr über die Geschichte der Zensur Rossinischer Opern zu erfahren. Im Fall des *Guillaume Tell*, der sich ja expressis verbis gegen die Habsburger wendet, ist
belegt, daß er – wie auch schon Schillers Drama – oft nur mit einschnei-
denden Veränderungen und unter unverfänglichen Titeln wie «Karl der
Kühne» oder «Rodolfo di Sterlinga» aufgeführt werden durfte. Aber
auch andere Werke waren betroffen. Wenn etwa die Aufführung des *Barbiere di Siriglia* in Mailand 1856 nur unter der Bedingung erlaubt wurde,
der intrigante Priester und Musiklehrer Don Basilio dürfe nicht im geistlichen Gewand auftreten, so sollte eine Provokation kirchlicher Kreise
vermieden werden. Auch *La Cenerentola* (Untertitel *La bontà in trionfo* –

Libretto des «Barbiere di Siviglia» mit dem Vermerk des
Zensors, die Aufführung dürfe stattfinden, wenn das
Kostüm Don Basilios keinerlei Anspielung auf ein
priesterliches oder anderes geistliches Gewand aufweise

Die triumphierende Güte) enthält viele Momente, die bei entsprechen-
dem Bühnenspiel nicht nur Heiterkeit, sondern bei den «Superiori» auch
Anstoß erregen konnten: Rollentausch zwischen Prinz und Diener,
Bestechlichkeit, das Macht- und Besitzstreben Don Magnificos und ähnliches.

Konkret politische Stoffe bleiben zwar den ernsten Opern vorbehalten – mögen sie nun von der orientalischen Königin Semiramis oder dem
Freiheitshelden Tell handeln. Aber auch im heiteren Genre blitzen neben
dem rein Komödiantischen satirische, entlarvende Momente auf. Was

dem heutigen Zuschauer nur mehr burlesk komödiantisch scheint, war oftmals heimlicher Widerstand gegenüber den schlimmen Zuständen – und sei es auch nur durch das befreiende Lachen über eine Obrigkeit, die nur auf der Bühne, nicht aber in der Realität mit sich spaßen ließ.

Niemand hat diese Seite von Rossinis Opern so deutlich hervorgehoben wie Heinrich Heine: «Dem armen geknechteten Italien ist ja das Sprechen verboten, und es darf nur durch Musik die Gefühle seines Herzens kund geben. All sein Groll gegen fremde Herrschaft, seine Begeisterung für die Freiheit, sein Wahnsinn über das Gefühl der Ohnmacht, seine Wehmut bei der Erinnerung an vergangene Herrlichkeit, dabei sein leises Hoffen, sein Lauschen, sein Lechzen nach Hülfe, all dieses verkappt sich in jene Melodien, die von grotesker Lebenstrunkenheit zu elegischer Weichheit herabgleiten, und in jene Pantomimen, die von schmeichelnden Karessen zu drohendem Ingrimm überschnappen. Das ist der esoterische Sinn der Opera buffa. Die exoterische Schildwache, in deren Gegenwart sie gesungen und dargestellt wird, ahnt nimmermehr die Bedeutung dieser heiteren Liebesgeschichten, Liebesnöte und Liebesneckereien, worunter der Italiener seine tödlichsten Befreiungsgedanken verbirgt, wie Harmodius und Aristogiton [zwei athenische Freiheitshelden] ihren Dolch verbargen in einem Kranze von Myrten. Das ist halb närrisches Zeug, sagt die exoterische Schildwache, und es ist gut, daß sie nichts merkt. Denn sonst würde der Impresario mitsamt der Prima Donna und dem Primo Uomo bald jene Bretter betreten, die eine Festung bedeuten; es würde eine Untersuchungskommission niedergesetzt werden, alle staatsgefährliche Triller und revolutionärrische Koloraturen kämen zu Protokoll...»[98]

Paris und die späten Jahre

Überall in Europa feierte Rossini Triumphe. Das große Publikum jubelte ihm zu, die Akademien überhäuften ihn mit Ehrungen, der Adel mit Geschenken – ebenso der Finanzadel (und Rossini wurde nicht nur durch seine Kompositionen und die Auftritte, bei denen er Sänger begleitete, ein reicher Mann, sondern auch durch Geldgeschäfte, für die er in den befreundeten Rothschilds kenntnisreiche Ratgeber hatte). Überall hofften die Verehrer auf eine eigene Oper, beispielsweise in London, wie eine Lithographie von 1824 zeigt: Man sieht Rossini, «Musical Composer, Member of the French Institute» vor einem Himmel, an dem seine bisherigen Werke und ihre Uraufführungsorte als Sterne prangen – von *La pietra del paragone* (Milano) bis *Zelmira* (Napoli) einschließlich kleinerer Werke wie der Kantaten; insgesamt 49 Sterne. In der Nummer 50 steht nur «Londra», der Titel ist freigelassen. Aber Rossini glänzte nur als Pianist. Er machte sich grundsätzlich rar. Außerhalb Italiens schrieb er nur für Paris Opern.

Die «Hauptstadt Europas» und «Hauptstadt des 19. Jahrhunderts» wurde ihm während seiner zweiten Lebenshälfte zur zweiten Heimat. Zunächst waren es die Besonderheiten der französischen Operntradition, die ihn herausforderten. Denn wer in Paris Erfolg haben wollte, mußte sich den Erwartungen des dortigen Publikums anpassen, indem er einerseits das Ballett stark einbezog (auch im *Mosè* gibt es ausgiebige Tänze) und andererseits das dramatische Geschehen belebte und zugleich ins Monumentale erweiterte. So wie im Fall des *Mosè* (1818/1827) hat Rossini auch seinen napolitanischen *Maometto II* zu *Le siège de Corinthe* (1820/1826) «französisiert». Später schrieb er noch *Il viaggio a Reims* (1825), eine *szenische Kantate*, und nach ihr die einzige komische französische Oper *Le Comte Ory* (1828). Den Höhepunkt seiner Auseinandersetzungen mit der Pariser Tradition bildete *Guillaume Tell* (1829). Diese *grand opéra*, die den mit *Mosè* eingeschlagenen Weg fortsetzte, ist Rossinis letztes Werk fürs Musiktheater. Danach folgten noch kleine Vokal- und Instrumentalstücke für den privaten Gebrauch. Sie wurden rasch populär wie die *Soirées musicales* (dreißiger Jahre) oder waren begehrte Kostbarkeiten wie die zahlreichen Albumblätter über Metastasios Ge-

Rossini in London, 1824. Lithographie

dicht «Mi lagnerò tacendo». Und es folgten die großen kirchenmusikalischen Werke und die späte Klaviermusik. Davon wird in den beiden nächsten Kapiteln die Rede sein.

Eine der Pariser Opern, ein in jeder Weise ungewöhnliches Werk, wollen wir etwas näher betrachten: *Il viaggio a Reims, ossìa L'albergo del giglio d'oro – Die Reise nach Reims, oder Das Hotel zur Goldenen Lilie*. Ort der Handlung ist das Luxushotel eines Kurbades, wo eine bunte Gesellschaft von Bonvivants beisammen ist – typische Vertreter der großen europäischen Nationen. Ungewöhnlich schon: die Zeit der Handlung und der Uraufführung sind identisch; es ist der 19. Juni 1825. Am kommenden Tag sollen die Krönungsfeiern des Bourbonenkönigs Karl X. stattfinden. Im Saal des Théâtre italien sitzen die hohen Herrschaften, die daran teilnehmen werden, und auch auf der Bühne nimmt man sich vor, zur morgigen Feier nach Reims zu fahren. Allerdings kommt es nicht dazu, denn – ebenso prosaischer wie plausibler Grund – es sind keine Pferde mehr auf-

79

Josef Danhauser: Imaginärer musikalischer Salon in Verehrung der Büste Beethovens. Gemälde, 1840. Franz Liszt am Flügel, umgeben von Alexandre Dumas, George Sand, Victor Hugo, Niccolò Paganini, Rossini und (vorn) Marie d'Agoult

zutreiben. Also plündert man kurzerhand die Reisekasse, stiftet einen Teil für wohltätige Zwecke und veranstaltet mit dem anderen ein Festbankett, bei dem man dem neuen König auf eigene Weise huldigen kann.

Der besondere Anlaß zu dieser Komposition schlägt sich in mehrfacher Weise nieder – zunächst einmal in einer Besetzung, wie es sie nirgends sonst gab: Alle in Paris verfügbaren Stars wirkten mit (achtzehn Rollen, davon zehn erste Partien), und sie erhielten prachtvolle Arien und Ensembles, um ihr Können voll zu entfalten. Aber auch Rossini selbst zeigt sich in dieser Partitur von der bravourösesten Seite. Er zieht kompositionstechnisch und stilistisch alle Register – von wunderbar lyrischen Adagios bis zum ausgelassensten *Imbroglio*, vom filigran gearbeiteten Kammerklang mit obligaten Soloinstrumenten bis zum rasant auftrumpfenden Tutti, vom zart begleiteten Rezitativ bis zum *Gran Pezzo Concertato a 14 Voci* (dem größten Ensemble, das je in einer Oper erklang). Dabei fallen ein großer Reichtum musikalischer Erfindungen und eine souverän gehandhabte, geradezu revuehaft lockere Form auf. In dieser Partitur zieht er mit leichter Hand die Summe seines Könnens. Es ist bewundernswert, wie überlegen er – mit höchstem künstlerischem Ernst und Selbstironie zugleich – das musikalische Theater in allen seinen Möglichkeiten (man möchte hinzufügen: und Unmöglichkeiten) auskostet. Der mißliche Umstand, daß eine eigentliche Aktion nicht stattfindet, führt zu den amüsantesten musikalischen Momentaufnahmen. Stilelemente der Farce und der großen alten Seria, tiefsinnige Allegorie und ironische Verfremdung, ausgelassene Buffolaune und eine besondere geistige Überhöhung durch das leibhaftige Auftreten Corinnas, der Titelfigur aus dem populären Briefroman der Madame de Staël, daneben eine Menge historischer und tagespolitischer Anspielungen – all das findet sich hier beieinander. Eine Krönungsoper, die nicht nur pflichtschuldig den neuen König verherrlicht, sondern zugleich den geistvollsten Unsinn auf die Bühne bringt – Unsinn freilich, wenn der paradoxe Ausdruck erlaubt ist, im höchsten Sinne.

Die Oper wurde, wie gesagt, zum besonderen Anlaß aufgeführt, danach noch ein paarmal, aber dann hat Rossini die Partitur einbehalten. Einen Großteil der Nummern verwandte er 1828 in *Le Comte Ory*, seiner einzigen französischen Musikkomödie; vom *Viaggio a Reims* blieb nicht mehr als eine vage Erinnerung. Es gab zwar noch, trotz Rossinis Verbot, Aufführungen von einzelnen Nummern mit verändertem Text. (Daß dabei im Revolutionsjahr 1848 ein Pasticcio unter dem Titel «Andremo a

«Le Comte Ory». Stich, um 1828

Parigi?» gegeben wurde, bei dem das *Hotel zur Goldenen Lilie* durch ein «Weißes Pferd» ersetzt war und die internationalen Gäste nicht nach Reims, sondern auf die Pariser Barrikaden ziehen wollten, sei nicht nur der Kuriosität halber erwähnt...) Ansonsten war das Werk verschollen. Die oft zu hörende sogenannte Ouvertüre (der *Viaggio* beginnt ohne Vorspiel) ist ein wirkungsvolles Arrangement der Ballettmusik zu *Le siège de Corinthe*, das erst 1936 auftauchte. Erst in den siebziger Jahren wurden in verschiedenen Bibliotheken die verstreuten Fragmente entdeckt und die Partitur konnte rekonstruiert werden. Seit 1984 liegt eine mustergültige (und das heißt bei Rossini nicht nur solide, tadellose, sondern mitreißende) Schallplattenaufnahme vor.[99]

Wie gesagt, nach *Guillaume Tell* schrieb Rossini kein Werk mehr fürs Musiktheater. Der Siebenunddreißigjährige beendete sein offizielles Wirken als Komponist; und man hat viel darüber gerätselt, warum ein Mann auf dem Höhepunkt seines Erfolgs, als unbestritten populärster Komponist seiner Epoche, die Feder aus der Hand legt. Ob ihn, wie Manzoni nach den «Promessi sposi» («Die Verlobten»), seine schöpferische Kraft verlassen hat[100], ob die Ursache in akuten gesundheitlichen Gründen oder in Ablehnung der Neuerungen seiner Zeitgenossen zu sehen ist, bleibt ungewiß. Dagegen daß Rossini, wie Camille Saint-Saëns später behauptete, «nichts mehr zu sagen hatte»[101], sprechen Zahl und Neuartigkeit der noch folgenden Kompositionen. Eduard Hanslick hatte wohl eher recht, wenn er meinte: «Der einsichtsvolle Mann, der sein Talent niemals überschätzte, mag gefühlt haben, daß er von der übermäßigen Productivität früh erschöpft und nicht mehr im Stande sei, eine Reihe von Werken wie *Tell* zu schaffen, ohne dies eine je zu übertreffen. Der Umschwung, der um das Jahr 1830 auch in den ästhetischen Anschauungen und Bedürfnissen eintrat, konnte Rossini nicht verborgen bleiben, das immer raschere Verwelken seiner älteren italienischen Opern ihm nicht entgangen sein... Zehn Jahre später hätte man wahrscheinlich seine schwach gewordenen Selbstcopien lästig gefunden, und den Meister mit seinen früheren Lorbeeren gezüchtigt.»[102] Rossini selbst hat die Motive für sein öffentliches Verstummen gern heruntergespielt: *Was wollen Sie? Ich hatte keine Kinder. Wenn ich welche gehabt hätte, hätte ich ohne Zweifel weiter gearbeitet,* und *nachdem ich mich 15 Jahre lang abgeplagt und während dieser... Periode vierzig Opern geschrieben habe, empfand ich das Bedürfnis nach Ruhe und zog mich nach Bologna zurück, um da still zu leben... così finita la comedia.*[103]

Vieles kam zusammen. Ein Grund war, daß er *der modernen Kunstverwilderung nicht frönen wollte*[104]. Die italienischen Theater seien *in vollem Niedergang begriffen; die Gesangskunst war zugrunde gegangen*[105]. Was den Gesang betrifft, so war seine Entwicklung mit keinem Namen so verbunden wie dem Rossinis. Er pflegte, wie oben gesagt, seit der Zeit in

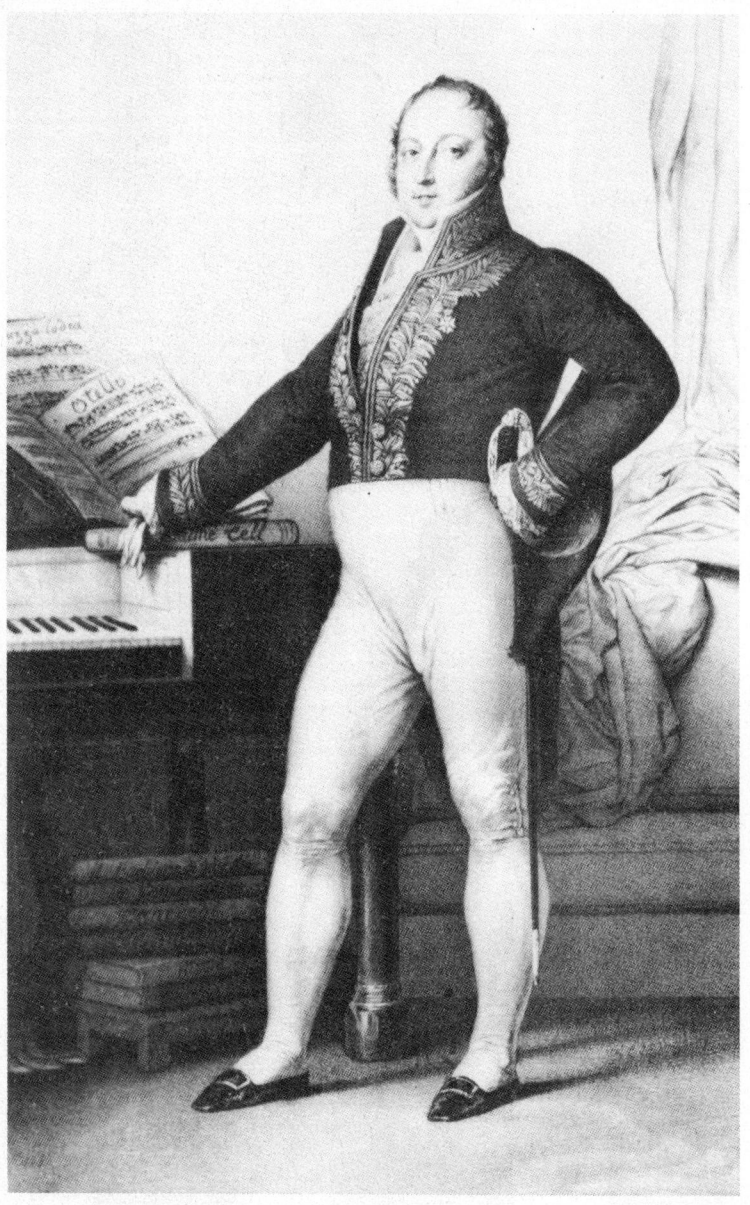

Rossini im Jahre 1830 in der Uniform eines Mitglieds des Institut de France.
Lithographie von Dupré

Rossini.   Musard.   Jullien.

Duprez.   Tamburini.   Litz.

Dufresne.   Lablache.   Paganini.

Neapel die Fiorituren auszuschreiben, was ihm seitens alter *belcantisti* schärfsten Tadel einbrachte, weil damit etwas reglementiert wurde, was ihrer Meinung nach frei improvisiert werden sollte. Er hatte außerdem unter dem Eindruck der großen Virtuosen, die ihm seit Neapel zur Verfügung standen, die stimmlichen Anforderungen erweitert. So wurden die Tenorpartien stärker in die Höhe getrieben (einzelne exponierte Töne wie Argirios hohes Es in *Tancredi* oder das legendäre F über dem hohen C, das Giovanni Battista Rubini in Bellinis «Puritani» sang, waren Ausnahmen), und diese Entwicklung ging weiter: Die Rolle des Arnold in *Guillaume Tell* etwa enthält, wie der gesangsbegeisterte James Joyce nachgezählt hat, «456 mal das G, 93 mal das As, 54 mal das B, 15 mal das H, 19 mal das C und zweimal das Cis» [106], wobei aber grundsätzlich die hohen Töne im Falsett oder der Voix mixte (Mischung der Register mit starkem Anteil der Kopfstimme) gesungen wurden. Als Gilbert-Louis Duprez 1837 als erster das magische hohe C mit voller Bruststimme sang, wirkte das auf den Komponisten *wie der Schrei eines Kapauns, dem soeben die Kehle durchgeschnitten wird*. Solcher Entwicklung vom alten *tenore di grazia* zum *tenore di forza* (Heldentenor), die eine endgültige Abkehr vom Belcanto bedeutete, stand Rossini skeptisch gegenüber. Spätere Forderungen wie die Verdis, bestimmte Töne «nicht zu singen, sondern mit dunkler, verschleierter Stimme zu deklamieren» [107], hätte er ebensowenig goutiert wie jene Forcierungen der Stimme, die um des Ausdrucks willen zum berühmt-berüchtigten Bayreuther brünstigen Brüllen führten.

Ein anderes interessantes Kapitel dieser Entwicklung auf der Opernbühne betraf den anwachsenden äußeren Apparat. Immer stärkeres Interesse galt den Dekorationen und technischen Effekten. Besonders fortschrittlich war man darin in Paris, wo die aufkommende Gasbeleuchtung bisher nie Gesehenes erlaubte. Man bewunderte, «welch geschickt geordnetes und wohlerleuchtetes Gemälde» die Bühne des Théâtre italien bot. [108] Neben normalen Interieurs, Landschaften oder Seebildern einschließlich aller möglichen Naturdarstellungen (wobei «durch Öffnen und Schließen von Läden und den Einsatz gefärbter Medien... auf den von hinten durchleuchteten Bildern effektvolle Sonnenauf- und -untergänge erzeugt» wurden [109]) erforderte naturgemäß die Darstellung von Wundern und Katastrophen besonders viel Aufwand. Mißglückte ein Effekt, so wurde gepfiffen wie einst beim *Mosè* in Neapel, gelang er aber überzeugend wie in der Pariser Fassung, in der bei der ägyptischen Feuerplage hinter der Bühne ein Feuerwerk abgebrannt wurde, war der Jubel groß. Verwöhnt wie das Publikum war, erwartete es immer mehr Effekte und ließ sich durch eine brennende Stadt (in *Le siège de Corinthe*), einstürzende Mauern und ähnliches faszinieren.

Persönlichkeiten des Pariser Musiklebens um 1840

Die Orchester waren sehr unterschiedlich besetzt. Johann Peter Eckermann zählte bei *Le Comte Ory* im Teatro della Canobiana in Mailand 100 Musiker, allein 16 Bässe. «Bei der starken Besetzung war es mir merkwürdig, daß es nie die Stimmen der Sänger übertönte», und er ließ sich erklären: «Ein italienisches Orchester... weiß recht gut, daß in der Oper der Gesang der menschlichen Stimme die Hauptsache ist und daß die Begleitung des Orchesters diesen nur tragen soll. Zudem hält der Italiener dafür, daß der Ton eines Instruments nur schön sei, wenn man ihn nicht forciert. Mögen daher in einem italienischen Orchester noch so viele Geigen, Klarinetten, Trompeten und Bässe gespielt und geblasen werden, der Totaleindruck des Ganzen wird immer sanft und angenehm bleiben, während ein deutsches Orchester, bei dreifach schwächerer Besetzung, sehr leicht laut und rauschend wird.»[110]

Rossini war der Ehrgeiz fremd, auch nach seinem offiziellen Abschied vom Opernbetrieb seine eigenen Arbeiten zu lancieren. Als ihn etwa 1838

der Pächter des Teatro della Pergola in Florenz wegen einer Wiederauf-
führung von *Elisabetta, regina d'Inghilterra* (1815) fragte, antwortete er
nur: *Das sind Opern, die man in Ruhe lassen soll. Gebt dem Publikum, das
die Neuheit liebt, moderne Musik.*[111] In späteren Jahren setzte er sich als
offizieller Inspecteur général du chant in Paris für die jungen Komponisten ein, die es ihm wert schienen, und war im übrigen mit der fürstlichen
Bezahlung dieses Amtes zufrieden.

Rossini, der Inbegriff des Bonvivant, blieb – wir sagten es eingangs –
nicht verschont von schlimmen Krankheiten und Depressionen. Hinter
seiner epikureischen Haltung spürt man einen gewissen Fatalismus: *Essen, Lieben, Singen und Verdauen, das sind – in Wahrheit gesprochen – die
vier Akte der komischen Oper, die «Das Leben» heißt und vergeht, wie der
Schaum einer Flasche Champagner. Wer sie verrinnen läßt, ohne sie genossen zu haben, ist ein vollendeter Narr!*[112]

Die Krankheiten – Gonorrhoe, Blasen- und Darmleiden, verbunden
mit tiefgreifenden Depressionen – zogen sich über Jahre hin. Olympe
Pélissier, die schon seit der Trennung von Isabella Colbran um ihn war
und die Rossini 1846 heiratete, hat ihn liebevoll gepflegt und alles mög-
liche zu seiner Genesung versucht: Ärzte, Medikamente, Kuren. Nichts
sollte unversucht bleiben; die berühmtesten Fachleute wurden konsul-
tiert. Die Wohnorte wechselten mehrfach – sei es auf der Suche nach Hei-

Edgar Degas: «Die Erbauung Babylons durch Semiramis», 1861. Das Gemälde
wurde durch eine Aufführung von Rossinis Oper «Semiramide» angeregt

Das Teatro Argentina in Rom
während einer Aufführung.
Anonymes Gemälde, um 1850

lung, sei es auf der Flucht vor politischen Unruhen, die Rossini seit seinen
Kindheitserfahrungen fürchtete.

Nach der Juli-Revolution zog er von Paris nach Bologna, seiner *eigentlichen Heimat*, verließ die Stadt aber auch mehrfach für längere Zeit. Er
wirkte als Direktor des Liceo Musicale, kümmerte sich um Organisation
und Unterricht, wobei neben vielen anderen Details bemerkenswert ist,
daß er die Ausbildung nicht nur im traditionell italienischen Sinn för-
derte, sondern auch deutsche Instrumentalmusik, etwa von Mendelssohn

und Weber, für seine Studenten bestellte. *Ich habe während meines Aufenthaltes in Bologna bis zum Jahre 49 dafür gethan, was in meinen Kräften stand. War es doch die Schule, die mir einst meine Ausbildung gewährt! Und ich hatte auch meinen Spaß daran, mir von den Jungens, die ein vollständiges Orchester bildeten, alle möglichen Orchesterwerke vorspielen zu lassen.*[113]

1855 kehrte er endgültig nach Paris zurück. Seine Gesundheit besserte sich. Er genoß seinen Wohlstand. Mit seiner Frau Olympe bezog er in

Rossini, um 1830. Anonyme Miniatur

Passy, damals einem Vorort, eine Villa, die zum Treffpunkt künstlerischer und aristokratischer Kreise wurde.

Die Vorstellung, daß ein bedeutender Opernkomponist fast vier Jahrzehnte in der Öffentlichkeit lebt, ohne sich mit neuen Opern an diese Öffentlichkeit zu wenden, ist schon äußerst ungewöhnlich. Allerdings blieb Rossini, allein durch seine Gegenwart, eine feste Größe im Bewußtsein seiner Zeitgenossen.

Wie sah man seine Kunst in einer sich rapide wandelnden Welt; und wie sah er selbst sie?

In der Galerie der Brera, der Kunstakademie von Mailand, hängt ein Porträt von Francesco Hayez (Abb. S. 93), auf ihm blickt der alte Maestro in seltsam mehrdeutiger Weise – wach und neugierig, zugleich aber auch nachdenklich und skeptisch. Man weiß nicht recht: Wird er im nächsten

Moment etwas sehr Ernstes sagen, eine seiner spöttischen Bemerkungen machen oder weiterhin versonnen nachdenken? In der Hand hält er eine Partitur, deren Titel auf dem Original gut lesbar ist: MUSICA DELL' AVVENIRE – Musik der Zukunft. Das war auch in Italien der Schlachtruf der Wagnerianer, die jenseits der Alpen großen Einfluß gewonnen hatten und die Diskussion in den Gazetten bestimmten.[114]

Nimmt Rossini also die Wagnersche «Zukunftsmusik» gerade in die Hand, um sie zu studieren, oder legt er sie nachdenklich zurück? Oder ist das Bild in einem ganz anderen Sinn zu interpretieren, nämlich daß – nach der Auffassung des Malers – Rossini selbst es war, der die Musik der Zukunft in Händen hielt?

Die Antwort darauf muß offenbleiben; aber es ist zu fragen, welche Position Rossini selbst zu diesem Thema einnahm. Man weiß, daß er von den hitzigen Erörterungen seiner Zeitgenossen um Fortschritt und Verfall, um die historische Bestimmung der Kunst und ähnliches herzlich wenig hielt. Überhaupt sind Äußerungen über allgemeine ästhetische Fragen bei ihm selten. Wenn sie fallen, sind sie meist in ein anekdotisches Gewand gekleidet, oft nicht mehr als ein witziges Aperçu oder eine bei-

Die Villa Rossini in Passy bei Paris

läufige Bemerkung im Gespräch.[115] Worum es ihm ging, waren pragmatische Dinge; reines Theoretisieren war ihm ein Graus.

In diesem Zusammenhang ist ein Brief an den befreundeten Mailänder Musikkritiker Filippo Filippi (übrigens einen Verfechter Wagnerscher Ideen) aufschlußreich. Rossini schrieb ihn 1868, wenige Wochen vor seinem Tod, und nimmt zur damals aktuellen kunstphilosophischen Diskussion Stellung. Über die *sogenannte Zukunftsmusik* und *gewisse unschöne Worte wie Fortschritt, Verfall, Zukunft, Vergangenheit, Gegenwart, Konvention ecc.* verspürt er *ein Unbehagen im Magen, das er nur schwer unterdrücken kann.* Mit einem Blick auf die Musikgeschichte von Dufay über Caccini und Peri bis *Gluck und seinen Genossen* relativiert er die moderne Forderung nach *deklamatorischer und dramatischer Musik... Es ist an Euch, verehrter Kritiker, mit aller Kraft den jungen Komponisten klarzumachen, daß bei diesen Neuerungen weder von Fortschritt noch Verfall die Rede sein kann, und sie fühlen zu lassen, daß diese sterilen Wiederentdeckungen allein dem geduldigen Nachgrübeln (pazienza), aber nicht der Inspiration entspringen.* Worauf er sich beruft und was er fordert ist, *den Mut aufzubringen, sich heiter und voller Vertrauen dem hinzugeben, was in der italienischen Musik göttlich und verführerisch ist: der einfachen Melodie und der Mannigfaltigkeit des Rhythmus (melodia semplice e varietà nel ritmo)... Wenn die jungen Kollegen dieses Gebot befolgen, werden sie leicht ihren Hunger stillen und den ersehnten Ruhm erlangen*[116], *und ihre Werke werden lange leben wie die unserer alten heiligen Väter Palestrina, Marcello, Pergolesi und wie zweifellos auch die der berühmten Heutigen Mercadante, Bellini, Donizetti und Verdi.*

Vor allem wendet er sich gegen die immer stärker werdende Programmusik (*imitazione*) und betont nochmals (immer bezogen auf die italienische Musik) den Rang von *Melodie und Rhythmus.* Nicht *nachahmend*, sondern musikalisch *ausdrucksvoll* solle eine Komposition sein. Diese Idee der reinen (nicht Außermusikalisches imitierenden) und ausdrucksvollen Musik führe, *wie ich es bevorzuge, zum vornehmen, einfachen, verzierten, leidenschaftlichen Gesang (canto nobile, semplice, fiorito, appassionato).*[117]

Rossinis musikalische Gesinnung war konservativ, aber nicht reaktionär. Er verteidigte die Tradition gegenüber der vorbehaltlosen Fortschrittseuphorie vieler Zeitgenossen. Aber *glaubt nicht, daß ich den Neuerern den Krieg erkläre!* Neugierig verfolgte er die Produktion seiner jüngeren Kollegen. *Ich wünsche nur, daß man nicht an einem Tage mache, was man nur in mehreren Jahren erreichen kann.* Im übrigen sei selber ja, wie man bei einem Vergleich von «Demetrio e Polibio», *meiner ersten Arbeit*, und dem «Guillaume Tell» sehen kann, auch kein Krebs gewesen (also: rückwärts gegangen).[118]

Rossini mit der «Musica dell' Avvenire».
Postumes Porträt von Francesco Hayez, 1870

Kirchenmusik

«Einst befragt, warum seine Messen so fröhlich und fast lustig? antwortete Haydn: weil, wenn ich den lieben Gott denke, ich immer so unbeschreiblich froh werde. – Als ich dies Goethen erzählte, liefen ihm die hellen Tränen die Wangen hinab.» Friedrich von Müller, 1823 [119]

Keine musikalische Gattung nach dem Barock ist so viel Miß- und Unverständnis ausgesetzt gewesen wie die Kirchenmusik. Sie ist es bis heute noch. Das hat verschiedene Gründe. Bevor wir einige in bezug auf Rossini kennenlernen, müssen ein paar grundsätzliche Bemerkungen vorausgeschickt werden.

Die Kirchenmusik des 19. Jahrhunderts ist zu weiten Teilen unbekannt. Wer von ihr spricht, meint zumeist die großen Werke, die im Musikleben seit Generationen einen hohen Rang einnehmen und regelmäßig aufgeführt werden: Beethovens «Missa solemnis», Mendelssohns Oratorien, die Requiem-Vertonungen von Berlioz und Brahms; weniges von Bruckner, Dvořák und Liszt oder, wenn wir nach Italien blicken, von Cherubini, Rossini und Verdi. Dabei handelt es sich allemal um Ausnahmen, Sonderfälle schon von der Entstehung her (das ungewöhnlichste Beispiel, die «Messa per Rossini», wird uns in anderem Zusammenhang beschäftigen, vgl. S. 117f), denn sie wurden nicht zum normalen liturgischen Gebrauch geschrieben, sondern entweder für einen einmaligen Anlaß oder von Anfang an für den Konzertsaal.

Die reguläre Kirchenmusik dagegen – sich das bewußt zu machen ist ebenso selbstverständlich wie notwendig – erklang im Gottesdienst und diente in erster Linie der Andacht und Erbauung, weniger dem ästhetischen Interesse. Da sie nicht für ein «Publikum», sondern für die gläubige Gemeinde bestimmt war, wurde sie vielfach nur handschriftlich überliefert und – anders als etwa Sonaten oder Lieder – nicht gedruckt. Auch Bearbeitungen für das häusliche Musizieren, die ja bei Opern und symphonischer Literatur gang und gäbe waren, entfielen im allgemeinen – man feierte eine Messe eben nicht im bürgerlichen Salon. So spielte sie im Musikalienhandel ihrer Zeit wie auch im späteren öffentlichen Bewußtsein, gemessen an den anderen großen musikalischen Gattungen, eine Nebenrolle; und das heute noch Bekannte gibt einen schiefen Eindruck von der kirchenmusikalischen Praxis des 19. Jahrhunderts. Hinter den wenigen großen Meisterwerken stand in Wirklichkeit ein umfangreiches Repertoire liturgischer Gebrauchsmusik. Sie war nicht für die Ewigkeit gedacht, sondern für den kirchenmusikalischen Alltag, das heißt für den normalen Gottesdienst, das bevorstehende Heiligenfest usw.

Soweit sich dieser kirchenmusikalische Alltag rekonstruieren läßt (die Rede ist hier von Italien, Frankreich und Österreich; die katholische Kirchenmusik in Deutschland war durch spezielle restaurative Tendenzen wie den «Cäcilianismus» geprägt [120]), erkennen wir ein ganz anderes Bild – ein Bild, das jeden heutigen Musikfreund, zumal jeden deutschen, zutiefst befremden wird. Denn was da zur Heiligen Messe erklang, war meist dasselbe, was auch in der Oper zu hören war. Im März 1820 etwa berichtete ein sächsischer Reisender entrüstet von einem Gottesdienst am Fest der Schmerzen Mariä, dem er in Neapel beigewohnt hatte. Als instrumentale Einleitungsmusiken wurde zunächst die Ouvertüre einer Oper von Simon Mayr (dem Lehrer Donizettis) und dann die zur *Gazza ladra* gespielt. «Ich gestehe, daß diese Schändung des Ortes und der Feier mir mit neuem Schmerz durch die Seele ging! Nach einer zweiten Pause endlich begann das *Kyrie* sehr düster, scharf dissonirend, ohne Spuren von Kunst und Kenntniß des Kirchenstyls, aber doch nicht ohne eine gewisse Würde ...das darauf folgende *Gloria*, wozu die Neapolitaner wie im Theater applaudirten, war in der Idee... nicht ganz neu, aber angenehm erfunden... *Credo* und *Offertorium* [jedoch] war ein Ragout Rossinischer Opernphrasen, ohne Sinn, ohne Aufmerksamkeit, ohne Zweck...» Der Autor fügt noch indigniert an: «Das erleuchtete Publikum war indessen entzückt.» [121] Ein anderer Zeuge derselben Aufführung, er war Franzose, vertritt die Gegenposition: «Es war ein herrliches Schauspiel; vor uns passierten nacheinander alle erhabenen Arien dieses großen Komponisten Revue, und zwar in leicht veränderter Form, was das Wiedererkennen amüsant gestaltete.» [122] (Offenbar ist diese mit Pietro Raimondi gemeinsam entstandene Auftragsmesse, für die Rossini angeblich in zwei Tagen die Soli und Chöre komponierte, in weiten Teilen identisch mit der erst kürzlich publizierten *Messa di Gloria* für eine Aufführung 1820 in Lucca. [123])

Dabei handelte es sich nicht etwa um etwas Ungewöhnliches, sondern um eine allgemeine kirchenmusikalische Praxis. So wurde die populärste Tenorarie Rossinis, die Cavatina Almavivas *Ecco ridente il cielo spunta la bella aurora*, in der der Graf seiner angebeteten Rosina ein morgendliches Ständchen bringt, auch in der Kirche gesungen, und zwar auf den Text *Credo in unum Deum Patrem omnipotentem*. Und noch in den späten Pariser Jahren hat Rossini einem Freund konzediert, bestimmte Opernarien und -ensembles mit sakralem Text zu unterlegen und dadurch «eine

Titelblatt zu «La charité» aus «Trois chœurs religieux».
Klavierauszug, 1844

wunderbare Messe» zu erhalten: *Stellen Sie sie fertig. Das ist Ihre Sache...* Auf diese Weise entstanden aus *La donna del lago*, aus *Otello, Semiramide, La Cenerentola* usw. Kompositionen für den liturgischen Dienst.[124] «Empörend!» wird mancher denken. Aber sogenannte Pasticcio-Messen, die aus besonders eingängigen Stücken zusammengesetzt wurden, waren in Italien (wie in Österreich und zum Teil auch in Süddeutschland) überaus populär. Mozarts Duett «La ci darem la mano» aus dem «Don Giovanni» wurde ebenso zu geistlichen Zwecken benutzt (wiederum mit dem Text «Credo in unum Deum») wie Vincenzo Bellinis

Arien und Hunderte anderer Melodien. Wenn sie nur schön waren und erhebend und sich auf den geistlichen Text singen ließen: sie mußten daran glauben!

So fremd, ja so ausgesprochen befremdlich die Haltung, die sich hierin ausdrückt, heute erscheinen mag – sie hatte eine lange Tradition. Eine selbstverständliche Arbeitshilfe der Komponisten war nicht nur (wie oben erwähnt) in der Oper oder anderen weltlichen Gattungen, sondern gerade auch in der Sakralmusik, das Parodieverfahren: Man verwandte ganze Werke oder Teile aus ihnen in neuem Zusammenhang wieder. Insbesondere Bach hat, zum Beispiel in der h-Moll-Messe, dem «Weihnachtsoratorium» und vielen geistlichen Kantaten, ältere Kompositionen parodiert.[125] Er ist aber nur das prominenteste Beispiel für ein im ganzen 18. und bis ins frühe 19. Jahrhundert übliches Verfahren, in dem sich die alte Auffassung vom musikalischen Kunstwerk ausdrückt: Es wurde nicht wie in der Romantik als mystische Eingebung aus geweihter Stunde angesehen, sondern als Produkt handwerklicher Tätigkeit. Man fragte vor allem nach Zweck und Praxis einer Sache; etwas «Höheres» hatte man oft gar nicht im Sinn.

Italienische Kirchenmusik war also zu einem guten Teil parodierte Opernmusik. Nicht daß es im Lande Palestrinas und Padre Martinis an Stimmen gefehlt hätte, die beklagten, das Gotteshaus sei zum Theater geworden und der Ruf zum Altar des Herrn gliche eher einem «Auf in die Schlacht», Stimmen auch, die eine grundlegende Unterscheidung des Opern- und des Kirchenstils forderten, wie es sie früher gegeben hatte. Aber die Alternative war dann oft nur «Früheres», Altbackenes – eine Musik, die in frommer Rückgewandtheit und schulmäßiger Befolgung der akademischen Regeln verharrte.

Unter Rossinis Kirchenmusik befindet sich neben Messefragmenten aus der Jugend und der genannten Pasticcio-*Messa di Gloria* eine Reihe kleiner Gelegenheitsarbeiten, vornehmlich aus den späteren Jahren – Werke wie das *Tantum ergo* zur feierlichen Weihe einer Kirche in Bologna (1847), mehrere *Ave Maria*[126], *Preghiere* und andere Andachtsmusiken sowie drei religiöse Frauenchöre mit Klavierbegleitung zu Gedichten über die christlichen Tugenden Glaube, Liebe, Hoffnung: *La Foi, La Charité, L'Espérance* (zwei von ihnen waren Parodien nach der 30 Jahre älteren Bühnenmusik zum *Edipo a Colono* von Sophokles). Seit 1844 mehrfach herausgegeben und in ganz Europa verbreitet (u. a. bearbeitet von Franz Liszt), gehören sie zum Typus frommer Hausmusik, die – ausgehend von einfachen vierstimmigen Sätzen, wie wir sie auch von Schubert und Mendelssohn kennen – im späteren 19. Jahrhundert immer beliebter wurde und ihren populärsten Ausdruck in der ebenso meisterhaften wie trivialisierten Ave Maria-«Meditation» von Bach/Gounod finden sollte.

Auch die wichtigsten geistlichen Kompositionen, das *Stabat mater* und die *Petite Messe solennelle*, entstanden erst, als Rossini mit dem Schreiben von Opern aufgehört hatte. Den äußeren Umständen nach ebenfalls «Gelegenheitswerke», sind sie doch das künstlerisch Bedeutendste, was er in seiner zweiten Lebenshälfte geschaffen hat. In der Bewertung allerdings prallen die Gegensätze aufeinander: für die einen steht ihr Rang als große, authentische Kirchenmusik des 19. Jahrhunderts außer Frage; für die anderen verkörpern sie in extremem Maße alle Fragwürdigkeiten, ja alle ästhetischen Entsetzlichkeiten einer ohnehin degenerierten, gottverlassenen Gattung.

Dieses Schicksal teilen sie mit vielen italienischen Kirchenmusikwerken vor und nach ihnen. Ein Hauptwerk aus älterer Zeit ist das «Stabat mater» von Giovanni Battista Pergolesi. Legendenumwoben (der Komponist war sechsundzwanzigjährig im Jahre 1736 darüber gestorben) und populär wie sonst nur eine Oper, wurde es in ganz Europa aufgeführt und mehrfach bearbeitet, unter anderem von Bach in der Nachdichtung Klopstocks. Zwar umstritten, da es Stileigenschaften der napolitanischen Oper in die Kirchenmusik einbezog[127], galt es doch bereits im 18. Jahrhundert als «klassisches» Repertoirestück. Wer ein neues «Stabat mater» komponierte, wurde unwillkürlich an diesem Vorbild gemessen. Rossini scheute diesen Vergleich ausdrücklich. Als ihn jedoch 1831 ein wohlhabender spanischer Prälat bat, ein solches Werk zu komponieren, sagte er zu – aus *Gefälligkeit, und ich hatte nicht daran gedacht, es zu veröffentlichen. Es ist ja auch eigentlich nur mezzo serio gehalten, und ich ließ ursprünglich drei Stücke von* (dem Schüler Giovanni) *Tadolini hinein componieren, da ich krank wurde und nicht zur rechten Zeit damit fertig geworden wäre.*[128] In derart zusammengesetzter Form erklang das Werk ein einziges Mal am Karsamstag 1833 in Madrid. Erst 1841 lag es in der heute bekannten Version vor.[129]

Rossini hat den Text, die berühmte Sequenzdichtung des umbrischen Mönchs Jacopone da Todi (Ende 13. Jahrhundert), in zehn Abschnitte eingeteilt, die als einzelne Nummern in wechselnder Besetzung von Solisten, Chor und Orchester vorgetragen werden. Anders als früher konnte er hier ohne Zeitdruck arbeiten und brauchte nicht Älteres zu parodieren. Offensichtlich lag ihm daran, in diesem religiösen Werk die Summe seiner eigenen Ausdrucksmöglichkeiten zu ziehen und dabei auch unterschiedliche Idiome der Kirchenmusik vorzuführen. So steht rein Opernhaftes neben Reminiszenzen an den «stile antico», den alten Kirchenstil (freilich eher am Vorbild Pergolesis als am strengen Kontrapunkt Palestrinas orientiert), dramatisch malende Schilderungen des Orchesters neben reinen A-cappella-Sätzen, Belcanto-Süße neben großangelegten Fugen.

Greifen wir zwei markante Beispiele heraus: den Anfangschor und die darauf folgende Tenorarie. Rossini hat im ersten Stück die Anfangsstrophe, im zweiten dann drei weitere der insgesamt zwanzig Strophen vertont.

Stabat mater dolorosa	Christi Mutter stand mit Schmerzen
Juxta crucem lacrimosa,	Bei dem Kreuz und weint von Herzen
Dum pendebat filius.	Als ihr lieber Sohn dort hing.
Cujus animam gementem	Durch die Seele voller Trauer,
Contristantem ac dolentem	Schneidend unter Todesschauer
Pertransivit gladius.	Jetzt das Schwert des Leidens ging.
O quam tristis et afflicta	Welch ein Schmerz der Auserkornen
Fuit illa benedicta	Da sie sah den Eingebornen,
Mater unigeniti,	Wie er mit dem Tode rang.
Quae moerebat et dolebat	Angst und Jammer, Qual und Bangen,
Et tremebat cum videbat	Alles Leid hat sie umfangen,
Nati poenas inclyti.	Das nur je ein Herz durchdrang.

(Die Sprachkraft des mittellateinischen Textes ist in der gängigen deutschen Nachdichtung geglättet; da sie aber den metrischen Aufbau und das Reimschema übernimmt, läßt sie das musikalische Wesen des Originals besser spüren als eine wörtliche Prosaübersetzung.)

Der erste Satz ist eine ganz von der szenischen Situation her gedachte *Introduzione* für Chor und Orchester, die in das Geschehen einführt. Die Leiden Marias werden (noch in der Tradition der barocken Figurenlehre) durch scharf punktierte, gleichsam ins Herz schneidende Tonrepetitionen nachgezeichnet, und in chromatisch abwärts geführten Linien erkennt man leicht die alte Klagefigur des «Lamento». Neben die eindringliche Schilderung tritt aber auch Reflexion: Der Ton des Dramas und der Trauer wird in den lyrischen Teilen zum innigen Gebet überhöht. Solche Ambivalenz des Ausdrucks und des Stils treffen wir auch in anderen Sätzen, wenn die Darstellung des Schmerzes sich – analog zum Gedicht – zur Heilsgewißheit aufhellt.

Das *Cuius animam gementem* dagegen versetzt uns in eine gänzlich andere Gefühlswelt. Im *Andantino maestoso* erklingt eine Tenorarie ganz unerwarteten Charakters: melodischer Schwung und virtuoser Glanz bestimmen die Gesangspartie (am Schluß eine Koloratur-Kadenz bis zum hohen des), dazu spielt das Orchester eine mitreißende Begleitung «alla marcia». So etwas würde sehr wohl in die Oper, wie kann es aber zu einem geistlichen Text passen, der von Angstschauern, Schmerz und Jammer spricht? Die Vertonung scheint unangemessen, weil offensichtlich ohne den geringsten Versuch, den Text auszudeuten. Ist solche Unbekümmertheit um die gedankliche Tiefe nicht geistig rücksichtslos und künstlerisch völlig verfehlt; spricht sie nicht dem ehrwürdigen Text ebenso wie der Gattung Kirchenmusik hohn; ist das nicht geradezu Blasphemie? An Vorwürfen dieser Art hat es nicht gefehlt, und auch der heutige Hörer, zumal der deutsche, fühlt sich zwischen mokantem Lächeln und ehrlichem Zorn hin- und hergerissen.

Heinrich Heine. (1797–1856). Zeichnung von Horst Janssen nach einer anonymen Vorlage

Hatte schon das «Stabat mater» von Pergolesi manchem rechtschaffenen deutschen Kunstrichter «bey Anhörung die Haut schaudern lassen» – wie erst war nun Widerspruch angezeigt! Richard Wagner war es, der sich in einer Glosse für die Schumannsche «Neue Zeitschrift für Musik» lustig machte: «Rossini ist fromm, – alle Welt ist fromm, und die Pariser Salons sind Betstuben geworden.»[130] Nicht nur zwei ästhetische Welten stoßen hier aufeinander, sondern auch zwei grundverschiedene Arten von Frömmigkeit. Sie scheinen unversöhnlich gegeneinanderzustehen.

Heinrich Heine hat diesem *Stabat mater* eine lange, enthusiastische Lobrede gehalten. Sie kann hier nur in ihren wichtigsten Punkten wiedergegeben werden.

Er holt zunächst weit aus und schildert eine Prozession, die er in Süd-frankreich gesehen hatte. Ihr Höhepunkt war die Darstellung der Passion durch eine Gruppe von Kindern: «Ein kleines Bübchen, costümirt wie man den Heiland abzubilden pflegt, daneben ein ganz schwarz gekleide-tes kleines Mädchen, welches, als schmerzensreiche Mutter, mehrere Schwerter mit vergoldeten Heften an der Brust trug und fast in Thränen zerfloß – ein Bild tiefster Betrübniß.» Es folgten kleine Apostel, römische Landsknechte, Kinder in Ordenshabit und als «kleine Capuciner, kleine Jesuitchen, kleine Bischöfe, allerliebste Nönnchen, gewiß keines über sechs Jahre alt. Und sonderbar, es waren darunter auch einige Kinder als Amoretten gekleidet, mit seidenen Flügeln und goldenen Köchern.» Nie würde er diesen Anblick vergessen, denn er «erregte in der Seele des

Felix Mendelssohn Bartholdy (1809–47).
Anonyme Lithographie, um 1840

Zuschauers die ernstvoll andächtigsten Gefühle, und daß es kleine unschuldige Kinder waren, die das größte kolossalste Martyrthum tragirten, wirkte umso rührender!» Das ungeheuerliche Geschehen der Passion, ihr blutiger Ernst würde, damit er nicht vernichtend auf unser Gemüt wirke oder sich selbst vernichte, von den wahrhaft großen Künstlern mit so viel Blumen als möglich verlieblicht und durch spielende Zärtlichkeit gemildert. So habe es auch Rossini gemacht. Heine vergleicht sein *Stabat mater* mit anderen Werken «im historischen Großstyl», die er als Nachäffung, schiefmäulige Frommthuerei und Berliner Glaubenslüge bezeichnet: Gemeint sind vor allem Mendelssohns Oratorien. Er spricht von den Vorwürfen, die «von norddeutschem Standpunkt» aus gegen Rossini laut würden, «die Behandlung sey zu weltlich, zu sinnlich, zu spielend für den geistlichen Stoff, sie sey zu leicht, zu angenehm, zu unterhaltend – so stöhnen die Klagen einiger schweren langweiligen Kritikaster, die wenn auch nicht absichtlich eine übertriebene Spiritualität erheucheln, doch jedenfalls von der heiligen Musik sehr beschränkte, sehr irrige Begriffe sich angequält». Es sei wie bei den Malern, wo er den blassen, mageren Gestalten der Nazarener die Heiligenbilder der spanischen Schule entgegenhält: «Hier ist das Volle der Contouren und die Farbe vorherrschend, und es wird doch Niemand läugnen, daß diese spanischen Gemälde das ungeschwächteste Christenthum athmen und ihre Schöpfer gewiß nicht minder glaubenstrunken waren als die berühmten Meister, die in Rom zum Katholicismus übergegangen sind, um mit unmittelbarerer Inbrunst malen zu können.» Nicht äußere Dürre und Blässe sei ein Kennzeichen des wahrhaft Christlichen in der Kunst, sondern «eine gewisse innere Überschwänglichkeit, die weder angetauft noch anstudirt werden kann in der Musik wie in der Malerei, und so finde ich auch das Stabat von Rossini wahrhaft christlicher als den Paulus, das Oratorium von Felix Mendelssohn Bartholdi, das von den Gegnern Rossini's als ein Muster der Christenthümlichkeit gerühmt wird». Im selben Alter aber, «wo Hr. Mendelssohn in Berlin das Christenthum anfing (er wurde nämlich erst in seinem dreizehnten Jahr getauft)», hatte Rossini es bereits verlassen und sich ganz in die Weltlichkeit der Opernmusik gestürzt. Er brauchte «wahrlich den Geist des Christenthums nicht erst wissenschaftlich zu construiren, noch viel weniger Händel oder Sebastian Bach sklavisch zu copiren; er brauchte nur die frühesten Kindheitsklänge wieder aus seinem Gemüth hervorzurufen und, wunderbar! so ernsthaft, so schmerzentief auch diese Klänge ertönen, so gewaltig sie auch das Gewaltigste ausseufzen und ausbluten, so behielten sie doch etwas Kindheitliches und mahnten mich an die Darstellung der Passion durch Kinder... Ja, an diese kleine fromme Mummerei mußte ich unwillkürlich denken, als ich der Aufführung des *Stabat* von Rossini zum erstenmal beiwohnte: das ungeheure erhabene Martyrium ward hier dargestellt, aber in den naivsten Jugendlauten, die furchtbaren Klagen der Mater dolorosa ertönten, aber wie aus unschuldig kleiner Mädchenkehle, neben den Flören der schwärzesten Trauer rauschten die Flügel aller Amoretten der Anmuth, die Schrecknisse des Kreuztodes waren gemildert wie von tändelndem Schäferspiel, und das Gefühl der Unendlichkeit umwogte und umschloß das Ganze wie der blaue Himmel, der auf die Procession von Cette herableuchtete, wie das blaue Meer, an dessen Ufer sie singend und klingend dahinzog!... Das ist die ewige Holdseligkeit des Rossini, seine unverwüstliche Milde...»[131]

Heine deutet Rossini aus der Tradition seiner Heimat und der Mentalität ihrer Bewohner. Darüber hinaus stellt er weitreichende Fragen zur ästhetischen Bewertung seiner Kirchenmusik, ja seiner Musik überhaupt – und beantwortet sie auf eigene Weise. Dahinter steht eine grundsätzliche Kontroverse, oder, genauer, stehen zwei eng miteinander verquickte Kontroversen, die das ganze Jahrhundert durchzogen und bis heute nicht verstummt sind: einerseits der Streit um die wahre Kirchenmusik (Heine polemisierte ja gegen Mendelssohn nicht nur, weil er «Malice auf ihn wegen seines Christelns»[132], sondern weil er die «norddeutsche Richtung» mit ihrem Rückgriff auf barocke Vorbilder und damit die Gegenwelt zu Rossini verkörperte), andererseits der Gegensatz zwischen italienischer und deutscher Schule, deren Begründer – in Stendhals Auffassung[133] – Alessandro Scarlatti und Johann Sebastian Bach gewesen und deren zeitgenössische Vertreter Rossini und Weber seien (er denkt an das Jahr 1823, als der eine in Wien seine *Zelmira* einstudiert, während der andere in Berlin mit dem «Freischütz» Triumphe feiert). Diese Polarisierung wurde allgemein empfunden: Melodie gegen Kontrapunkt, Schönheit und Leichtigkeit gegen strenge Arbeit und «gelehrten Stil».

Es ist hier nicht der Ort, diese gegensätzlichen Positionen in allen Einzelheiten darzustellen, aber ein paar grundsätzliche Bemerkungen seien erlaubt. Wer «Kirchenmusik» sagt, denkt üblicherweise zunächst an die ehrwürdige Tradition der Polyphonie, wie sie bei Palestrina (dem «Altvater der Musik», wie E. T. A. Hoffmann ihn nannte[134]) ihren Höhepunkt hatte. Dann denkt er wohl an Meister wie Schütz oder Bach. Er erinnert sich an das reiche tonsprachliche Vokabular, mit dem sie die Texte ihrer Motetten, Oratorien und Passionen ausdeuteten. Ihre Musik steht im Dienst einer theologischen Aussage. Das Wort, und zwar das Wort als Liturgie, Lesung oder Predigt, hat den Primat gegenüber der Musik. Und auch wenn autonom musikalische Formen (etwa bei Bach die dreiteilige Arie) eingesetzt werden, vertreten sie einen bestimmten Affekt, der dem Gehalt des Textes entspricht.

Kontrapunkt also und Wort – Tonverhältnis: beides erwartet der Hörer von «wahrer» Kirchenmusik. Und beides fehlt über weite Strecken in Rossinis *Stabat mater*: statt dessen schwungvolle Melodien, prägnante rhythmische Gestalten, orchestraler Glanz. Oft genug wird dabei vom Inhalt des Textes keinerlei Notiz genommen; er könnte statt der Schmerzen Marias auch von der Liebe eines Königs oder der Planung zu einem

Feldzug handeln. Das ist fraglos für denjenigen ein Mangel, der diese Vertonung an den Maßstäben einer fremden Tradition, nämlich der deutschen Kirchenmusik mißt.

Wer aber sagt denn, daß Musik ihren Text unbedingt nachzeichnen, ihn von einem Medium ins andere transponieren müsse? Sie kann ihn auch transformieren und gleichsam auf eine andere Bedeutungsebene heben! So sind die Meister der alten Vokalpolyphonie verfahren, und so hielt es in unserem Jahrhundert etwa Igor Strawinsky, der sich ausdrücklich gegen die «Versklavung der Musik durch die Sprache» wandte und meinte, wenn sich der Gesang «zur Aufgabe macht, den Sinn der Worte auszudrücken, verläßt er den Bereich der Musik und hat nichts mehr mit ihm gemein»[135].

Im 19. Jahrhundert war diese Haltung selten anzutreffen; die meisten Komponisten suchten gerade mit musikalischen Mitteln Außermusikalisches – Texte, Bilder, geistige Ideen – auszudrücken. Dem hält beispielsweise Arthur Schopenhauer entgegen: «Wenn die Musik zu sehr sich den Worten anzuschließen und nach den Begebenheiten zu modeln sucht, so ist sie bemüht, eine Sprache zu reden, die nicht die ihre ist. Von diesem Fehler hat sich keiner so rein gehalten wie Rossini: daher spricht seine Musik so deutlich und rein ihre eigene Sprache, daß sie der Worte gar nicht bedarf.»[136] Dies ist sehr pointiert ausgedrückt, aber die Tendenz stimmt: Rossini nimmt die Sprache zum Anlaß, nichts anderes als schöne Musik zu ersinnen und gibt sich ihr dann hin, ohne den Text Wort für Wort zu bedenken, gleichsam zu buchstabieren. Er vertraut der Musik, in der die Worte «aufgehoben», das heißt unwichtig geworden und zugleich überhöht sind. Auch hierin liegt ein durchaus religiöses Moment. Aber solches Verfahren scheint demjenigen, der in den üblichen (deutschen) kirchenmusikalischen Kategorien denkt, äußerlich und oberflächlich. Für ihn bleibt Rossini allenfalls ein Verfasser «amüsanter Gaukeleien»; für ihn gilt die Forderung, Musik habe dem Text zu folgen, müsse ihn – statt in neue Höhen zu führen – in seiner Tiefe ausloten (wobei allerdings schwer zu entscheiden sein wird, was und wo eigentlich diese Tiefe sei). Nur sollte man vorsichtig sein: Es wäre wohl anmaßend, eigene Vorstellungen von Frömmigkeit und darüber, wie sie sich in der Kunst zu äußern habe, zum allgemeinen Maßstab zu erheben; und ebenso wenig stünde es einer Nation oder einer Epoche zu, über eine andere zu Gericht zu sitzen.

Damit sind die ästhetischen Vorurteile nicht aus der Welt, aber sie sind doch relativiert. Rossini selbst war sich dieses Unterschieds wohl bewußt und hat sich mit typisch ironischem Understatement zu ihm bekannt: Als ihn 1841 in Bologna der belgische Musikgelehrte François-Joseph Fétis besuchte und ermuntern wollte, wieder zu komponieren, «und zwar [gerade] für die Kirche, wobei er meiner Meinung nach Neues schaffen könnte», da habe er lächelnd und mit einem etwas bitteren Ton geantwortet: «*Für die Kirche! Bin ich denn etwa ein gelehrter Musiker?* Er sprach

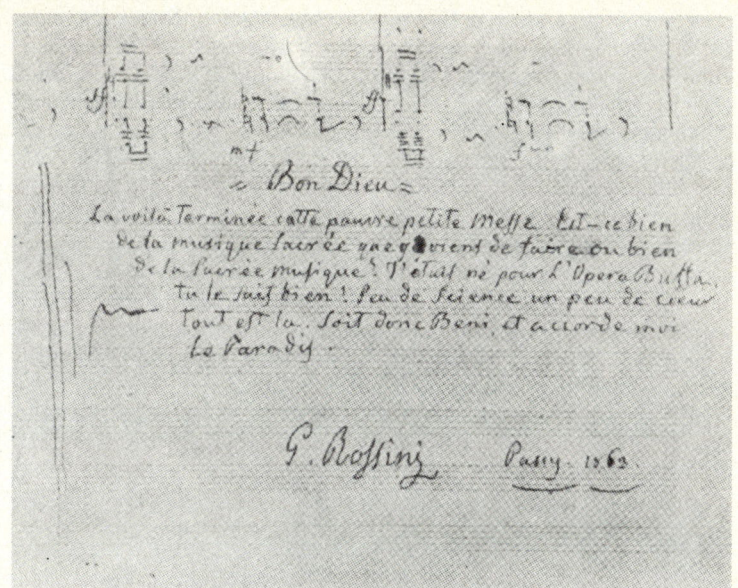

Nachschrift Rossinis zur «Petite Messe solennelle»

wieder von seiner *ungenügenden Ausbildung, die es* ihm *unmöglich* mache, *für die Kirche zu schreiben*, und er sagte mir, daß er *keine Lust mehr hätte, das Studium von Fuge und Kontrapunkt wiederaufzunehmen.*»[137] Und zu Eduard Hanslick, der ihn 1865 besuchte und nach der *Petite Messe solennelle* fragte, meinte er nur: *Das ist keine Kirchenmusik für Euch Deutsche; meine heiligste Musik ist doch nur immer semi-seria.*[138]

Dieses andere kirchenmusikalische Hauptwerk Rossinis, die *Petite Messe solennelle*, entstand 1863. Sie war, wie eine Beischrift auf dem Manuskript lautet, *leider die letzte Todsünde meines Alters* und enthielt eine Widmung eigener Art: *Lieber Gott – voilà, nun ist diese arme kleine Messe beendet. Ist es wirklich heilige Musik [musique sacrée] oder vermaledeite Musik [sacrée musique]? Ich bin für die Opera buffa geboren, du weißt es wohl! Wenig Kenntnisse, ein bißchen Herz, das ist alles. Sei also gepriesen und gewähre mir das Paradies. G. Rossini. – Passy, 1863.* Geschrieben wurde sie zur Einweihung der Privatkapelle eines Pariser Adeligen und am 14. März 1864 in dessen Salon aufgeführt. Diesem Ort entsprechend war die Besetzung klein gehalten: *... zwölf Sänger der drei Geschlechter, Männer, Frauen und Kastraten, werden zur Aufführung genügen, also acht für den Chor, vier für die Soli. Die provisorische Begleitung bestand aus* *zwei Pianofortes und einem Harmonium (kleine Orgel). Es war ein großer Erfolg.*[139] *Die Aufführung* in Anwesenheit weniger geladener Gäste, darunter Auber, Meyerbeer und Ambroise Thomas, *war tadellos*; sie wurde am nächsten Tag im Théâtre italien wiederholt. Musiker und allgemeines Publikum zeigten sich wiederum begeistert.

Allenthalben hoffte man, die *Petite Messe* nicht nur (wie es bei Kirchenwerken notgedrungen Brauch war) konzertant, sondern auch im Gottesdienst erleben zu können. Das entsprach auch Rossinis Wunsch; er orchestrierte sie 1867, *damit sie später in einer großen Basilika aufgeführt werden kann*, was jedoch – für heutige Vorstellungen kaum nachvollziehbar – an der Tatsache scheiterte, daß in der katholischen Kirche Frauen und Männer nicht gemeinsam im Chor auftreten durften. Für die Aufhebung dieses Verbots setzte sich der Maestro nachdrücklich ein – nicht nur mit musikalischen, sondern auch mit theologischen Argumenten: wie könne man bei solch beklagenswertem *Mangel an hellen Stimmen den Ruhm Gottes singen? Wer soll den Part der Soprane* (Kastraten) *und der Frauen übernehmen? Es sind Knaben von 9–14 Jahren mit Stimmen, die mißtönend und meistens nicht rein sind... Glauben Sie, daß Kirchenmusik mit solch elenden Hilfsquellen existieren kann? Tenöre und Bässe... sind für das De profundis ausgezeichnet, jedoch für das Gloria in excelsis Deo jammervoll...*[140] Schließlich wandte er sich in einem lateinischen Schreiben, das ihm ein befreundeter Gelehrter übersetzt hatte, an Papst Pius IX. *Wenn ich erreichte, was ich will, würde ich von Gott und der Menschheit gesegnet werden.*[141] Aber die Antwort war negativ: *Unser Heiliger Vater... bot mir Segnungen und Mitgefühl an, aber die Bulle, die ich mir so sehr wünschte, bleibt (glaube ich) in seinem Herzen. Arme Kirchenmusik!!!*[142] Am Rand sei vermerkt, daß noch bei frühen Aufführungen von Verdis Requiem in der Kirche Frauen nur ausnahmsweise zugelassen wurden und für die Gemeinde unsichtbar bleiben mußten. Auch im 20. Jahrhundert galt noch offiziell das Gebot des Apostels Paulus «mulier taceat in ecclesia»[143], und erst 1967 erkannte der Vatikan offiziell den aus Männern und Frauen gemischten Chor als «eine auch durch die Zeitverhältnisse bedingte Ausweitung der in der Taufe begründeten Verpflichtung zum liturgischen Dienst» an.[144]

Sünden des Alters – Ruhm und Nachruhm

Als Max Maria von Weber, der Sohn des «Freischütz»-Komponisten, 1865 Rossini besuchte und fragte, warum er sich entschlossen habe, nicht mehr für die Bühne zu schreiben, antwortete der alte Maestro mit einer Handbewegung: *Seien Sie still! – sprechen Sie zu mir nicht davon! Außerdem komponiere ich dauernd. Sehen Sie diesen Schrank voll Noten? All das habe ich seit Guillaume Tell geschrieben. Aber ich veröffentliche nichts, und ich komponiere, weil ich nicht anders kann.*[145]

Nur wenige große Werke waren darunter. Das meiste waren kleine Stücke, die Rossini liebenswert-ironisch als «Sünden des Alters» (*Péchés de vieillesse*) bezeichnete. Sie erklangen bei Hauskonzerten – begehrten gesellschaftlichen Ereignissen – und gelangten nach seinem Tod an das Liceo Musicale zu Pesaro. Erst von 1954 an sind sie durch Veröffentlichungen der Fondazione Rossini bekannt geworden. Gerade diese Tatsache, daß sie ohne Blick aufs Publikum, nur zum eigenen Ergötzen und dem seiner Besucher, geschrieben sind, macht sie heute besonders faszinierend.

Eine noch kaum ausgeschöpfte Fundgrube bilden die späten Klavierstücke. Es sind rund hundert, in verschiedenen Alben gesammelt. Köstlicher Humor und Abgründigkeit stehen in ihnen dicht nebeneinander. In ihren Titeln (und auch darin, daß sie mitunter bizarre Textkommentare enthalten) weisen sie schon geradewegs auf Erik Satie voraus: Neben normalen *Barcarolen* und *Romanzen, Walzern* und *Märschen* finden sich Stücke wie *Quatre hors-d'œuvres* (*Radieschen, Anchovis, Cornichons* und *Butter*) oder *Quatre mendiants* (*Studentenfutter*) mit *Trockenen Feigen, Mandeln, Nüssen* und *Rosinen*. Im *Album für die aufgeweckten Kinder* erscheinen *Étude asthmatique* und *Fehlgeburt einer Polka-mazurka;* man findet einen *gefolterten Walzer* und eine *Valse antidansant*. Besondere Geläufigkeit erfordert der *Rizinuswalzer*, und die auskomponierte Morgendusche (*Mon prélude hygiénique du matin*) mag den Spieler erfrischen. Franz Liszt sei imstande, meinte Rossini, selbst aus seinen Stücken noch etwas zu machen. Und sicherlich hat er, wenn er zu einer der Soiréen in der Villa von Passy erschien und sich ans Klavier setzte, aus den stereotypen mechanischen Spielfiguren des *Hachis romantique* noch manche «romantische» Melodie herausklingen lassen oder ein Stück wie *Ouf! Les petits pois* mit trockenem Witz interpretiert.

Neben solchen Titeln begegnen ebenso merkwürdige Kommentare in den Noten. Man spürt die Nähe zu den Bouffe-Parisiens, Kabarettlaune, aber auch Anflüge von Melancholie. Das bekannteste Stück ist jener *Petit train de plaisir (comico-imitatif)*, in dem Rossini, lange vor Johann Strauß' entsprechender Polka, mit musikalischen Mitteln eine Eisenbahnfahrt schildert – von vornherein bemerkenswert bei einem Mann, der prinzipiell die moderne Technik mied (selbst seine Urne, bat er, sollte nicht per Bahn transportiert werden[146]). Was dem *Kleinen Vergnügungszug* passiert und wie Rossini es kommentiert, ist auch keineswegs nur vergnüglich: zunächst verläuft die Fahrt zwar heiter; an der ersten Haltestelle *reichen die Pariser Salonlöwen ihren Täubchen die Hand zum Aussteigen*. Bei der Weiterfahrt jedoch *entgleist der Zug schrecklich:* es gibt Verwundete und Tote, von denen der erste (aufsteigendes Arpeggio) *ins Paradies*, der zweite (absteigend) *in die Hölle* kommt. Nach dem *Trauermarsch* folgt unmittelbar ein übermütiger Tanz mit dem Titel *Bitterer Schmerz der Erben*.

Die satirische Tendenz ist deutlich, und das in doppeltem Sinne – nicht nur hinsichtlich des geschilderten Themas, sondern auch als Spott auf eine *nachahmende Musik*, die sich anheischig machte, alles und jedes in Töne zu setzen und dabei vor den billigsten Analogien nicht zurückschreckte. Auch zu anderen zeittypischen Ambitionen geht Rossini auf ironische Distanz, indem er z. B. bestimmte pianistische Ansprüche stellt, sich aber zugleich über deren Banalität mokiert. Genauso bekommt das besondere Bemühen um intensiven Ausdruck sein Fett, etwa durch extreme Pedalisierung und dynamische Gegensätze bis zum *pppppppp*. Harmonische Kunststücke werden im *Ritournelle gothique* persifliert, das mit einem *etc. etc.* hinter den fortlaufenden Modulationen endet. Besonders merkwürdig in dieser Hinsicht ist *Tourniquet sur la gamme chromatique*, die *Drehscheibe* (oder der *drehbare Kartenständer*) *über der chromatischen Tonleiter*, wo immer dasselbe modulierende Motiv mit penetranter Konsequenz über alle zwölf Stufen *hinauf und hinab* geschraubt wird. Man möchte ausrufen «O weh!»: der Witz erhält etwas Zwanghaftes. Er darf sich, bitter lächelnd, großen Überdrusses bei Pianist und Hörer sicher sein (auch darin Wirkungen Saties vorwegnehmend).

Das Satirische wird aber nie spielverderberisch; hinter der Spottlust merkt man den schlichten Spaß an der Sache. Die Stücke sind grundverschieden; manche haben den Charakter eines Liedes ohne Worte, andere von Etüden. Im *Prélude baroque* und dem *Prélude pétulant roccocò* spiegelt sich die Beschäftigung mit Musik des 18. Jahrhunderts, ähnlich in der großangelegten Fuge des *Prélude prétentieux*, wobei Rossini seine souveräne Beherrschung der alten Stilmittel mit einem Augenzwinkern an seine Hörer verbindet.

Alle diese Stücke sind *semi-comiques*, aber eben nur *semi*: Hinter ihnen steckt die merkwürdigste Mischung aus Spielfreude und Alberei – bei völliger Beherrschung all dessen, worüber er sich lustig macht –, aber auch große Melancholie. Auf die wehmütig-selbstironische *Marche et réminiscences pour mon dernier voyage* – eine musikalische Lebensfahrt bis zum *Requiem* – werden wir später eingehen.

Ein besonderes Beispiel, das allgemeinen musikalischen Witz und konkreten Spott verbindet, ist *Petit Caprice (style Offenbach),* in dem Rossini den wenig geliebten Kollegen, der während der sechziger Jahre in Paris Triumphe feierte, amüsant parodiert. Die Spielvorschrift lautet *Allegretto grotesco*, und es ist bemerkenswert, wie quasi improvisatorische Züge und kalkulierter Witz, hoher virtuoser Anspruch (zum Beispiel Oktavglissandi) und penetrante Simplizität (im Mittelteil, einer scharfen Parodie auf den Offenbachschen Cancan-Typus) miteinander verbunden sind. Besonders auffallend sind hier – wie auch sonst in den späten Stücken – besondere harmonische Wendungen, und der Kritiker Eduard Hanslick fand es anläßlich eines Besuchs in Passy «doch interessant, daß der Styl des fünfundsiebzigjährigen Sängers von Pesaro überhaupt noch einer neuen charakteristischen Wendung fähig war» [147].

Neben harmonischer Experimentierlust fällt das starke Interesse für den polyphonen Stil auf. Rossinis Enthusiasmus für Bach (insbesondere seit ihm Mendelssohn bei einer denkwürdigen Begegnung in Frankfurt 1836 Werke des Thomas-Kantors nahegebracht hatte) ist nicht nur daran zu ersehen, daß er die Bach-Gesamtausgabe subskribierte, sondern schlug sich auch unmittelbar in seinem Werk nieder. Hier ist nicht nur an die Klavierfugen der *Péchés de vieillesse* zu denken, sondern auch an die großen kontrapunktischen Abschnitte in *Stabat mater* und *Petite Messe solennelle* – dort nicht nur die Chorsätze des *Gloria* und *Credo*, sondern auch das von Klavier oder Harmonium auszuführende *Preludio religioso* zum *Offertorium*.

Gegen Schluß des Klavierstücks *Marche et réminiscences pour mon dernier voyage* steht eine kurze Passage, die Rossini *Mon Portrait* genannt hat: ein heiterer Aufschwung, *grazioso e leggero*, der in munteren Kapriolen wie eine Jodlerfiguration ausläuft. So also sah er sich, so wollte er gesehen werden. Wie sahen ihn die anderen?

Im Gegensatz zu manchem Künstler seines Ranges war Rossini ein allseits geschätzter und beliebter Zeitgenosse. «Er ist die socialste Natur, die man sich denken kann. Ich glaube, er wird nie müde, Menschen um sich zu haben, zu plaudern, zu erzählen und – was viel verdienstlicher – zuzuhören. Dabei hat er jenes gleichmäßige Wesen, das man nur bei Südländern trifft: für Kinder und Greise, Vornehme und Geringe findet er stets das rechte Wort, ohne sich dabei in Art und Weise seines Benehmens zu verändern. Es ist eben eine jener glücklichen Naturen, denen Alles ange-

Rossini,
nach 1860

boren. Nichts Gewaltsames ist in seiner Musik und in seiner Persönlichkeit – das hat Beiden so viele Herzen zugewendet.»[148] In dieser und ähnlicher Weise wird Rossinis Persönlichkeit immer wieder geschildert. Auch
über seine äußere Erscheinung lesen wir in Ergänzung der vielen bekannten Bilder: «Man kann nicht leicht ein intelligenteres Gesicht sehen, als
das seine: eine feingeschnittenere Nase, einen beredteren Mund, aus-
drucksreichere Augen und eine herrlichere Stirn. Seine Physiognomie ist
von südlicher Lebendigkeit, wahrhaft sprechend im Scherz und im Ernst,
unwiderstehlich im Ausdrucke der Ironie, Laune, Schalkhaftigkeit.» Den
kahlen Kopf, der auf Besucher wie eine «Kuppel von Michelangelo»
wirkte[149] (die Haare seien ihm aus Ärger über Sänger und Impresarii aus-
gegangen, liebte er zu betonen), bedeckte er mit Perücken, von denen

drolligerweise Jean Cocteau zu berichten weiß (seine Großeltern waren Nachbarn der Rossinis in der Stadtwohnung, und er spielte als Kind mit solchen Rossini-Reliquien): «Unter diesen Perücken war alles vertreten, von kurzem bis zu langem Haar. Der Meister trug sie eine nach der anderen, bis zum fiktiven Friseurbesuch.»[150]

In seinen jungen Jahren galt Rossini als ausgesprochen schöner Mann – «er weiß das und ist deshalb auch nicht schüchtern»[151] –, und seine amourösen Erfolge gaben ausreichend Anlaß zum Klatsch. Im Alter waren es sein Esprit, sein Charme und sprichwörtlicher Witz – und natürlich sein Ruhm, der ihn, wo er hinkam, zum Mittelpunkt machte. In einem französischen Seebad beispielsweise, wo er sich zur Kur aufhielt, räumte man ihm nicht nur bei Konzerten stets den Mittelplatz in der vordersten Reihe ein (sogleich war er von den elegantesten Damen umgeben), man überlegte auch, eine Straße des Ortes nach ihm zu benennen; und ein Schneider, der ihm Hosen verkauft hatte, schrieb daraufhin, als sei er der Hoflieferant eines regierenden Fürsten, auf sein Firmenschild «Tailleur de Mr. G. Rossini»[152]. *Ich glaube, daß ich noch keinen Franzosen gekannt, der mich nicht gefragt hätte, welche meiner Opern mir die liebste sei ... sie thun des Guten zuweilen zu viel.*[153] Daheim dasselbe: «Rossini lebt inmitten einer ununterbrochenen Vergötterung und Verhätschelung. Sein Zimmer ist nie leer von Besuchern; die höchsten Nobilitäten des Adels, des Reichthumes, der Kunst kommen und gehen. Er wird überhäuft mit kostbaren Geschenken und zarten Aufmerksamkeiten; von 100 Menschen glauben 99 ihm Schmeicheleien sagen zu müssen. Würde Rossini alle diese bewundernden Worte mit jenem gestreichelten, eitel-bescheidenen Lächeln hinnehmen, das so vielen Celebritäten eigen ist, die gleichsam mit einer Hand abwehren und mit der anderen einkassiren, so wäre in seinem Hause nicht eine Viertelstunde lang zu existiren. Man müßte vor Weihrauch ersticken. Ernsthaftes Mißbilligen oder Ereifern liegt nicht in Rossini's Charakter; er schlägt also lieber mit einer gutmüthigen Selbstbespöttelung dem Anbeter das Weihrauchfaß aus der Hand und ergötzt sich an dessen Verlegenheit.»[154] Ähnlich satyrhaft zeigt er sich zuweilen auch im schriftlichen Umgang, wobei Ironie, Wortspielereien, Understatement und große Lust an jedweder Albernheit zusammenkamen. So unterschrieb er seine Briefe gern mit Bezeichnungen wie *Excompositore (Komponist a. D.), viertklassiger Pianist* oder *reinrassiger italienischer Melodist.*[155] Auch am Schluß seiner ansonsten hochernsten, langen Ausführungen über ästhetische Fragen (vgl. S. 92) kann er sich eine Clownerie nicht verkneifen: Nach der Unterschrift *G. Rossini* heißt es: *von den Franzosen genannt Le singe de Pesaro (der Affe von Pesaro), von den Lughesern in der Romagna, den Landsleuten meines Vaters, il Cigno di Lugo (der Schwan von Lugo); von mir selbst aber Schöpfer einer neuen chinesischen Tonleiter und Pianist der 4. Klasse (ohne Rivalen). Doch nun will ich schließen: Ich lege die Feder nieder. Deo Laus.*[156]

Carte de visite Rossinis. Um 1860

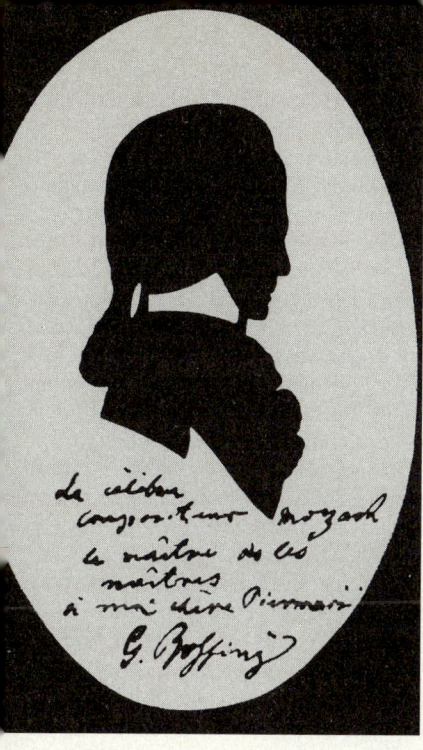

Mozart.
Angeblich eigenhändige
Silhouette Rossinis

Vincenzo Bellini
(1801–35).
Anonymer Stich

Als witziger Plauderer war er beliebt, aber ebenso als ernster Gesprächspartner. «Rossini kann über die Werke aller Meister gelehrt sprechen; er braucht eine Partitur nur einmal auf dem Klavier gespielt zu haben, um sie auswendig zu können und sie nicht wieder zu vergessen.»[157] (Sein hervorragendes musikalisches Gedächtnis war schon aufgefallen, als der Dreizehnjährige den Klavierauszug einer ganzen Oper aus dem Kopf aufschrieb.[158]) Als Klavierspieler und Sänger begeisterte er selbst noch im Alter alle, die ihn hörten. Berichte über sein schauspielerisches Talent, seine schöne Stimme, seinen Charme und Witz, seinen Spott gegenüber schlechter Musik, seine kindliche Verehrung aller großen Kunst – Berichte über all dies würden ein Buch füllen. Wenn er über die Musik älterer Meister sprach, zeigte sich eine erstaunliche Kenntnis ihrer Kunst und die Fähigkeit, ihnen auf jeweils eigene Weise gerecht zu werden. Seine größte Begeisterung galt Mozart: *l'angelo della musica; wer könnte es wagen, an ihn zu rühren, ohne ein Tempelschänder zu sein?*[159] (Zu den schönsten Aussprüchen über Mozart gehört das immer wieder zitierte Wort des alten Rossini: ... *die Bewunderung in meiner Jugend, die Verzweiflung meiner Reifejahre und der Trost meiner alten Tage.*)

Was die Lebenden betraf, so hatte er ein klares Urteil und setzte sich, wo er es für richtig hielt, für Jüngere ein, etwa für Bellini, Donizetti, Meyerbeer und Verdi. In Franz Werfels Verdi-Roman heißt es dazu: «Der Schwan von Pesaro, wie man ihn nannte, der Hausbesitzer von Bologna, Gourmand und Börsenspekulant von Paris, war ein Mann der souveränen Faulheit, das Genie der Unehrgeizigkeit selbst; [er] hatte das Seine in 15 Jahren geleistet, und sein Sonnenruhm schadete den armen Brüderchen in Apoll nicht nur nicht, sondern wenn sie sich bloß recht bestrahlen ließen, half er ihnen sogar. Welch ein angenehmer Kamerad!»[160] Wie aufgeschlossen er anderen Richtungen der Musik selbst da blieb, wo er skeptisch war, zeigt sein ausführliches Gespräch mit Wagner, in dem dieser ihm seine Theorie des Musikdramas vorträgt.

Abgesehen davon, daß seinem Naturell Intrigen und Ranküne offenbar fremd waren, spielte für Rossinis Stellung in der Öffentlichkeit eine Rolle, daß er seit dem *Tell* als Komponist schwieg. So war er dem Hin und Her des Tagesgeschäfts entzogen und war für seine Umwelt zu einem lebenden Denkmal geworden, das von seinem Sockel herab dann und wann ein paar mahnende, oft spöttische, immer treffsichere Äußerungen herabschickt, im übrigen aber die Liebenswürdigkeit selbst verkörpert. «Man kann nicht bescheidener von seiner eigenen, nicht rühmender von Anderer Thätigkeit sprechen, als Rossini es thut.»[161]

«Keines Ehrgeizes fähig, lebt der alte Maestro seit dreißig Jahren das Leben eines epikuräischen Weisen. Da er an seine eigene Kunst nicht mehr denkt und dies auch von niemand anderem erwartet, begreift man

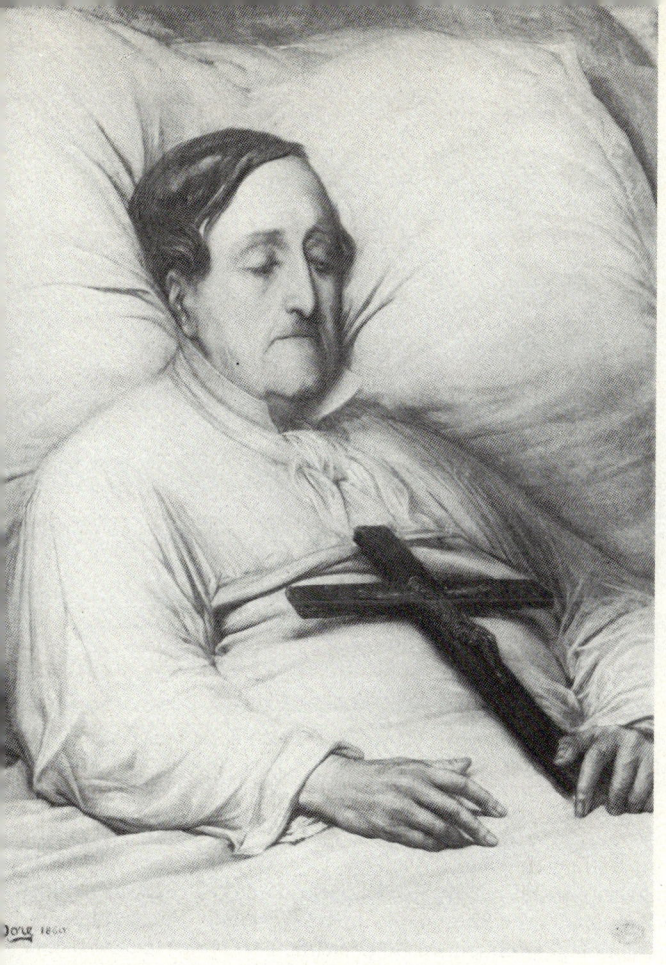

Gustave Doré: «Rossini auf dem Totenbett». Gemälde, 1869

die gemüthliche Objectivität, aus welcher Rossini die musikalische Bewegung der Gegenwart als unbetheiligter Zuschauer, ohne Neid, ohne Verbitterung, wenn auch nicht immer ohne Ironie betrachtet.»[162]

Am 13. November 1868, einem Freitag (er war immer abergläubisch gewesen), starb Rossini in Passy bei Paris. Während der letzten Tage waren seine Frau Olympe und etliche Freunde bei ihm, darunter auch Gustave Doré, der ihn auf dem Totenbett zeichnete. Alle waren sich bewußt, daß mit dem großen Künstler und liebenswerten Menschen eine ganze

Überführung der sterblichen Überreste Rossinis in die Kirche Santa Croce in Florenz, 3. Mai 1887 *Franziskanekirche*

Epoche zu Ende ging. Über die letzten Tage wurden mehrere Berichte veröffentlicht (sie sind bei Weinstock nachzulesen[163]). Bezeichnend ist Rossinis Antwort an den Priester, der ihn bei Austeilung der Sakramente, wie vorgeschrieben, nach seinem Glauben fragte. *Hätte ich das Stabat und die Messe schreiben können, wenn ich nicht gläubig gewesen wäre? Also, ich bin bereit. Lassen Sie uns anfangen.*[164] Testamentarisch veranlaßte er unter anderem die *Gründung und Subventionierung* des (noch heute bestehenden) Konservatoriums in Pesaro sowie einer *Maison de Retraite Rossini* in Paris (Vorbild für Verdis berühmte Mailänder Casa Verdi) als Altersheim für Opernsänger.

Die Trauer über Rossinis Tod ging weit über die Kunstwelt hinaus. In einem offiziellen Staatsakt und mit überwältigender Anteilnahme der Pariser Bevölkerung wurde er auf dem berühmten Friedhof Père-Lachaise beigesetzt. Jede größere Stadt, jede musikalische Societät gedachte des Verstorbenen mit Konzerten und speziellen Rossini-Feiern, wobei sich in Italien die Liebe zu seiner Musik mit der Verehrung seines Namens als

116

Symbol nationaler Zusammengehörigkeit verband. Das junge, vorläufige Königreich (seit 1865) beantragte die Überführung seiner Asche in die damalige Hauptstadt Florenz. Dazu kam es erst 1887, und zwar unter Beteiligung der ganzen, mittlerweile geeinten Nation. Alle Bevölkerungsschichten wollten ihren Beitrag leisten: Regierung, Parlament und private Subskribenten teilten sich die Kosten; jede Stadt schickte ihre Musikkapelle als Abordnung (wofür die Eisenbahnen einen Preisnachlaß gewährten). Ein Chor aus 500 Mitwirkenden, unter ihnen auch Angehörige des Hochadels und der politischen Instanzen, sang die *Preghiera* aus dem *Mosè*. Rossinis Grab wurde in der Kirche Santa Croce, dem nationalen Pantheon, neben den Monumenten für Dante, Michelangelo und Cherubini errichtet.

Die bedeutendste Initiative aber, ebenso künstlerisch wie patriotisch motiviert, ging von Giuseppe Verdi aus. Er schlug vier Tage nach Rossinis Tod vor, daß zum Andenken Rossinis «die hervorragendsten Komponisten in Italien ... eine Requiem-Messe schreiben, die am Jahrestag seines Todes aufgeführt werden soll»[165]. Die Idee wurde so weit verwirklicht, daß er und zwölf andere Maestri (unter ihnen der über achtzigjährige

Giuseppe Verdi
(1813–1901),
Fotografie von Nadar,
um 1860

Duett aus «Semiramide» in der Bearbeitung für zwei Kornette und Klavier, um 1825

Carlo Coccia, ein Schüler Paisiellos noch) je einen Satz verfaßten. Das Gemeinschaftswerk lag im September 1869 vor, aber die Aufführung scheiterte aus verschiedenen Gründen. Verdi zog seinen Beitrag, das abschließende «Libera me» zurück und nahm es 1874 zum Ausgangspunkt seines eigenen Requiems – wiederum für einen hohen Anlaß, nämlich die Gedenkfeier für Alessandro Manzoni, bestimmt. Entsprechend verfuhren einige andere Komponisten. Die übrigen Partituren wanderten ins Archiv des Verlages Ricordi, wo sie bis 1986 lagen. Nach einem Dornröschenschlaf von genau 119 Jahren wurde die von Verdi initiierte «Messa per Rossini» 1988 uraufgeführt.[166]

Rossinis Musik hat zu seinen Lebzeiten wie darüber hinaus reiche Resonanz gefunden. Zunächst war es selbstverständlich, daß jeder Virtuose alle berühmten Melodien Rossinis beherrschte, um über sie zu improvisieren, wobei den Komponisten selbst *nichts in der Welt mehr langweilte als diese Art von Geklimper; und man muß sich hinterher noch bedanken für die Ehre, die einem angetan wird*[167]. Darüber hinaus spielten im öffentlichen wie im privaten Musikleben des 19. Jahrhunderts Bearbeitungen, Einrichtungen, Arrangements eine wesentliche Rolle. Sie dienten dem persönlichen Ergötzen am Instrument, dem gemeinsamen Musizieren im

kleinen Kreis, dem öffentlichen Virtuosenauftritt oder auch dem Gala-
konzert einer berühmten Sängerin. Es gab jede nur erdenkliche Kombi-
nation, vom Streichquartett bis zur Soloflöte, vom Harfenduo bis zum
Blasorchester. Der Umfang wechselte zwischen abendfüllendem Gesamt-
werk und populärer Einzel-Pièce; der Schwierigkeitsgrad zwischen ver-
einfachter Spielausgabe und virtuoser Bravournummer; der ästhetische
Anspruch zwischen höchstem Niveau, das sich an «Kenner und Liebhaber» wandte, und leichter Unterhaltung. Das meiste von alldem ist heute
vergessen. Manches taucht ab und zu wieder auf und erfreut sich bei Spielern und Hörern großer Beliebtheit, wie zum Beispiel die sogenannten
Harmoniemusiken (Bearbeitungen für die typische Serenadenbesetzung
Bläser und Kontrabaß).

Mit der Verbreitung des Pianoforte als Hausmusikinstrument des Bür-
gertums seit Mitte der 1820er Jahre setzte sich der Klavierauszug (als
reine Reduktion auf zwei Systeme oder mit Singstimmen) durch. Dabei
wurden meist keine zusammenhängenden Opern publiziert, sondern
«Favorit-Nummern», einzelne oder mehrere beliebte Stücke – sowohl
Instrumentalmusik (Ouvertüren, Tänze, Potpourris) als auch Arien,
Duette usw., die sich für das biedermeierliche Musikleben eigneten. Besondere Verbreitung fanden Melodien wie *O quante lagrime* aus *La donna*

Klavierauszug des «Barbier von Sevilla» von Arnold Schönberg, 1903

Franz Liszt (1811–86). Um 1870

del lago oder *Di tanti palpiti* aus dem *Tancredi*; sie wurden unzählige Male für die verschiedensten Besetzungen bearbeitet.

Vermutlich wird sich niemals ein vollständiger Katalog aller erschienenen Einzelstücke und Sammlungen zusammenstellen lassen; aber schon bei lockerer Durchsicht der einschlägigen Kataloge gewinnt man Einblick in diesen Aspekt der Rezeptionsgeschichte: Da sind etwa – als unmittelbare Reaktion auf den Wiener «Rossini-Taumel» 1822 – die Klavierarrangements von Joseph Abbé Gelinek oder Friedrich Starkes *Zelmira*-Bearbeitung für Militärorchester. Da sind Stücke wie Mauro Giulianis «Rossiniane» für konzertierende Gitarre und Carl Czernys Bearbeitung des gesamten *Stabat mater* für Klavier vierhändig (10 Hefte), ferner eine große Zahl von «Variations brillantes» und «Phantasies brillantes» für verschiedene Instrumente von Friedrich Kuhlau, Heinrich Wilhelm Ernst, Henri Herz, Sigismund Thalberg – die Aufzählung ließe sich beliebig fortsetzen. Neben gängigen Besetzungen fallen ungewöhnliche auf wie Muzio Clementis *Semiramis*-Ouvertüre für sechzehn Pianisten an acht Klavieren oder die anonyme Einrichtung des großen Frauenduetts aus derselben Oper für zwei Kornette, wobei die halbsbrecherischen Gesangskoloraturen keineswegs gemindert, sondern auf instrumentenspezifische Figurationen und Läufe übertragen wurden. Daß überdies beispielsweise der vierzehnjährige Anton Bruckner 1838 eine Klavierfassung der *Tancredi*-Ouvertüre niederschrieb[168] oder Arnold Schönberg 1903 eine vierhändige Fassung des gesamten *Barbiere di Siviglia* für die Universal-Edition anfertigte, wird manchem aus heutiger Sicht kurios erscheinen, ist aber wiederum bezeichnend für den Stellenwert Rossinis im musikalischen Alltag einer ganzen Epoche.

Besondere Einflüsse zeigen sich im Schaffen von Instrumentalkomponisten wie Liszt, Chopin und Paganini, und zwar nicht nur in deren direk-

Niccolò Paganini
(1792–1840).
Anonyme Zeichnung
nach einem
Gemälde von
Nicolas Henri Jacob

ten Bearbeitungen, sondern auch in allgemeinen Stilübernahmen und -anklängen. Paganini etwa war, wie Rossini später berichtet, *durch lange Jahre beinahe fortwährend in meiner Nähe. Er behauptete, meinem Sterne, wie er es nannte, zu folgen, und ich war nicht leicht an einem Orte, ohne daß er hinkam. Er blieb ganze Tage und Nächte bei mir sitzen, während ich componirte. Er war voll origineller Einfälle; ein wunderlicher Kautz. Aber welch ein Talent! Man mußte ihn vom Blatt spielen hören! Er übersah eine halbe Seite mit einem Blicke.*[169] Wie vieles von Rossinis Melodik, insbesondere der Koloraturtechnik, ist nicht in die Capricen und Konzerte des «Teufelsgeigers» eingegangen! Unter seinen Bearbeitungen ragen die Variationen über die *Preghiera* aus dem *Mosè, Dal tuo stellato soglio* (nur auf der G-Saite zu spielen) heraus, die dann von anderen Virtuosen für ihr Instrument umgeschrieben wurden, zum Beispiel äußerst wirkungsvoll von Giovanni Bottesini für Kontrabaß.

Franz Liszt, der Rossini zuerst 1837 in Mailand begegnet war und auch später in Paris zu seinen Hausfreunden zählte, hat eine ganze Reihe von Werken bearbeitet, und zwar sowohl als normale Klaviertranskription (*Tell*-Ouvertüre) wie auch als pianistisch anspruchsvolle Paraphrasen: bereits 1824, als Dreizehnjähriger, das «Impromptu brillant sur des thèmes de Rossini et Spontini», später zwölf Bearbeitungen aus den *Soirées musicales* (darunter einige mehrfach), den geistlichen Chor *La Charité* und die Tenorarie *Cujus animam gementem* aus dem *Stabat mater* (auch für Orgel und Posaune).

Von Chopin liegen in seinen *Cenerentola*-Variationen für Flöte und Klavier (1824) und der Tarantella op. 43 (ein Stück in «tollster Manier», wie Schumann es nennt[170]) Zeugnisse einer Rossini-Verehrung vor, die sich darüber hinaus noch sehr viel grundsätzlicher äußerte. Denn mit seinen typischen Spielfigurationen hat er den Belcanto-Koloraturstil Rossinis, Bellinis und Donizettis aufs Klavier übertragen, und auch bei einigen seiner berühmtesten Themen dürften Opernmelodien – bewußt oder als indirekter Nachklang – Pate gestanden haben, so im A-Dur-Prélude op. 28, 7 die Einleitungsmusik zum 2. Akt aus *Le Comte Ory* oder im Dur-Mittelteil des Trauermarschs aus der b-Moll-Sonate eine Phrase aus *Guillaume Tell*.

Es ließen sich noch etliche Beispiele für die Wirkung auf andere Komponisten nennen. Von Schubert war schon die Rede; neben seinen «Ouvertüren im italienischen Stil» denke man etwa an die Finali der D-Dur-Klaviersonate oder der 6. Symphonie. Auch der frühe Mendelssohn zeigt solche Einflüsse, und selbst Wagner, der ja als junger Kapellmeister in Würzburg und Königsberg *Tancredi, Otello* und den *Barbier* aufgeführt hatte, erweist sich in der «Liebesverbot»-Ouvertüre (1833) als ausgesprochener Rossinist (das *Tancredi*-Zitat in den «Meistersingern»[171] ist ein spätes Echo dieser jugendlichen Begeisterung). Daß bei den italienischen und französischen, aber auch bei einem deutschen Opernkomponisten

Rossini als französischer Apoll. Ausschnitt aus einer politischen Karikatur.
Um 1830

wie Lortzing derartige Beziehungen auf Schritt und Tritt anzutreffen sind, versteht sich von selbst.

Im 20. Jahrhundert ging diese Wirkung auf anderer Ebene weiter. Man denke an die zahlreichen Kompositionen «alla Rossini» – sei es, daß ihnen konkrete Vorlagen zugrunde liegen oder daß sie Rossinische Stilelemente aufgreifen und in Neukompositionen einbeziehen. Respighis «La boutique fantasque» (Der Zauberladen) für Diaghilews Ballets Russes (1919) und Benjamin Brittens Orchestersuite «Soirées Musicales» op. 9 haben einen selbständigen Platz im Repertoire gefunden. Daneben gibt es zahllose Rossini-Anklänge oder -Anspielungen, etwa in Igor Strawinskys «Jeu de cartes» mit seinen witzig verfremdeten *Barbiere*-Zitaten und der überschäumenden Laune wie in einem Buffa-Finale. Die Tradition Paganinis wird in Werken wie der «Konzertparaphrase über die Cavatine des Figaro für Violine und Klavier» von Mario Castelnuovo-Tedesco beschworen; Bohuslav Martinů schrieb mehrere Variationswerke, und auch Alfredo Casella, der Wortführer des italienischen Neoclassicismo, bezog Motiv- und Stilelemente in seine Kompositionen ein. Die Linie ließe sich fortsetzen. Als Beispiel sei nur noch Paul-Heinz Dittrichs «Rondo à la Rossini für Violoncello und Kontrabaß» (1974) erwähnt. Auch Jazz-Adaptionen und die häufige Verwendung im Film (etwa bei Fellini in «8 ½» oder «E la nave va») sind Indizien für die «Aktualität» Rossinischer Musik.

Noch einmal zurück: Eine besondere Form des Arrangierens im 19. Jahrhundert war die musikalische Ausstattung von Balletten. Arien, Tänze und Ensembles, zusammenhängende Komplexe und großangelegte Potpourris aus bekannten Opern wurden einem fremden Sujet als Begleitmusik unterlegt. So haben Louis-Joseph-Ferdinand Hérold in «La Fille mal gardée» 1828 und Salvatore Viganò schon 1819 für «I Titani» und in späteren Jahren «für seine Ballette Mirra, Otello und La Vestale die besten Melodien der Opern von Rossini ausgewählt» [172], und es wäre interessant zu erfahren, ob sich dazu ähnlich ausführliche choreographische Notizen wie für «Die Geschöpfe des Prometheus», für die Beethoven die Musik geschrieben hatte, erhalten haben. [173]

Zu Wirkung und Ruhm eines Künstlers in seiner Zeit gehört natürlich neben der seriösen Rezeption auch deren Kehrseite: Parodien, Karikaturen, Anekdoten. Rossini bot Anlaß zu allerlei Jux – nicht nur als Komponist, sondern ebenso (insbesondere in den späten Pariser Jahren) durch seine überragende Stellung im kulturellen und gesellschaftlichen Leben und nicht zuletzt als Privatperson mit seinem ausgeprägten Sinn fürs Finanzielle sowie seiner legendären Eß- und Trinklust. Ob liebevoll, ob bösartig: man beschäftigte sich mit ihm. Witze und Bonmots – von und über ihn – machten die Runde. Er selbst oder seine populären Figuren waren Gegenstand von Zeichnungen wie zum Beispiel einer politischen Karikatur Daumiers, wo «ein neuer Almaviva» die «Constitution» Rosina verführen will. Er war das Thema literarischer Parodien, etwa in Wilhelm Hauffs «Memoiren des Satans» [174] oder Carl Maria von Webers Romanfragment «Tonkünstlers Leben» [175]. Das Bankett, mit dem die Pariser Hautevolée den Maestro am 16. November 1823 gefeiert hatte, wurde bereits knapp zwei Wochen später als Einakter von Eugène Scribe, der das allgemeine Rossini-Fieber witzig auf die Schippe nimmt, parodiert und mit Musik von Edmond Mazères unter dem Titel «Rossini à Paris, ou Le grand diner» aufgeführt. Andernorts dasselbe: Stand eine Opernpremiere bevor, so war sie allgemeines Stadtgespräch und interessierte keineswegs nur die Kulturbeflissenen, sondern alle Gesellschaftsschichten. Besonders die Komödianten nahmen sich ihrer an, etwa in Wien 1819, wo man *Otello*, den Mohren von Venedig, zu «Othellerl der Mohr von Wien» verballhornte. (Eine hübsche spätere Parallele wäre «Tristanderl und Süßholde, von Ferdinand Fränkl, Musik von H. Rauchenecker», die man bereits am 8. Juni 1865, zwei Tage vor der Uraufführung des «Tristan», in München aufführte.) Noch eine Menge derartiger Späße ließe sich nennen, etwa die «Stabat-Mater-Quadrillen», die man in London herausbrachte[176], oder das beliebte «Katzenduett», das nicht von Rossini selbst, sondern von einem witzigen Zeitgenossen stammt, der zu verschiedenen Melodien (unter anderem einem *Otello*-Zitat) nichts anderes als «Miaumiau» singen ließ...

Dies alles sind indirekte Wirkungen, Nachklänge, Zeugnisse für eine breite Popularität. Wie sah es mit Rossinis Werken selbst aus? Drei oder vier von ihnen sind in den heutigen deutschen Opernführern verzeichnet – wenig für einen ehemaligen «Weltherrscher der Musik».

Was von ihnen geblieben war, was später vielleicht noch bleiben würde, hat der alte Maestro selbst in seinem melancholischen Klavierstück *Marche et réminiscences pour mon dernier voyage* angedeutet: kurze Zitate aus einigen Opern[177] klingen auf; sie sind durch einen Trauermarsch verbunden, der mit den hinzugesetzten Worten *j'y suis* und *Requiem* endet. Nichts mehr. Ein Weiterleben, eine Wiederbelebung gar, über hundert Jahre nach ihrer Entstehung, hätte sich Rossini für seine Musik wohl kaum vorstellen können. Und doch ist ihre Wirkungsgeschichte von «Renaissancen» geprägt, die wir kurz betrachten wollen.

Die Präsenz Rossinischer Opern auf den europäischen Bühnen war schon zu Lebzeiten des Komponisten stark zurückgegangen, und nach seinem Tod verschwanden sie fast ganz aus den Spielplänen. Lediglich *Barbiere* und mit Einschränkungen *Guillaume Tell* hielten sich im Repertoire. In Italien wurde seine Musik zunächst von Verdi, dann vollends durch die lange Vorherrschaft des Verismo verdrängt. Auch in anderen Ländern war sie kaum mehr gefragt. Um nur ein Werk herauszugreifen: *Il turco in Italia*, bis ca. 1850 in ganz Europa gespielt, wurde 1882 aus dem Repertoire der Scala gestrichen und dort erst 1958 wieder aufgeführt. Diese lange Pause ist symptomatisch. Es bedurfte eines gewandelten Geschmacks beim Publikum und vor allem der wieder erweckten spezifischen Gesangskunst; denn Sänger, die auf den Stil Puccinis, Leoncavallos oder Mascagnis trainiert sind, besitzen kaum die Flexibilität für eine Buffa. Und die erste Rossini-Renaissance in den zwanziger Jahren ging ebenso wie die zweite, um 1950 beginnende, von den Buffoopern aus.

Verschiedene Momente spielten zusammen. Die Epoche des Verismo war erschöpft. Man besann sich in Italien allgemein auf Traditionen des 17. und 18. Jahrhunderts. Namen wie Ermanno Wolf-Ferrari, Gianfrancesco Malipiero und Alfredo Casella stehen für die kompositorische Seite dieser Entwicklung, die von starken restaurativen Tendenzen geprägt war. Verbunden damit war ein breit einsetzendes musikhistorisches Interesse, das sich neben der Erforschung älterer Musik auch ihre Wiederbelebung – in Editionen und Aufführungen – zum Ziel gesetzt hatte. Von den großen Interpreten, die sich in den zwanziger Jahren speziell um eine Wiederbelebung Rossinis bemühten, seien nur zwei genannt: die Sängerin Conchita Supervia (als Rosina, Cenerentola und Isabella in *L'italiana in*

- Un nouvel Almaviva venant essayer de séduire Rosine - Véron en
lui donnant une sérénade sur l'air de **Vive Henri V**.

Karikatur von
Honoré Daumier

Algeri, wie die erhaltenen Aufnahmen zeigen, ein Glücksfall an suggestiv
darstellender Gesangskunst) und der Dirigent Vittorio Gui. Er führte an
der Oper in Turin (deren Direktor Guido M. Gatti zu den führenden Köp-
fen der italienischen Musikwissenschaft und -publizistik gehörte) planmäßig die lange vernachlässigten Partituren des frühen Ottocento wieder auf.
In Deutschland begann man sich im Zuge der von Fritz Busch und Carl
Ebert inaugurierten Verdi-Renaissance auch für Rossini zu interessieren,
wohlgemerkt immer für die komischen Opern. Die alte Streitfrage nach
der Textfassung, italienisch oder deutsch, wurde (sinnvollerweise) meist
zugunsten des deutschen Textes entschieden, und verschiedene Autoren
erarbeiteten neue Übersetzungen und Einrichtungen der Libretti (beispielsweise Karl Wolfskehl 1932 für *Il signor Bruschino*).
  Die große, die eigentliche Renaissance Rossinis, die nach dem Zweiten
Weltkrieg in Italien und von dort aus weltweit einsetzte, entsprang wohl
zunächst dem allgemeinen Wunsch von Interpreten und Publikum nach
leichteren Stücken neben dem großen, schweren Repertoire. Aber wie-

derum waren wenige herausragende Künstlerpersönlichkeiten bestimmend. Ein Markstein dieser Entwicklung war *Il turco in Italia* mit Sesto Bruscantini und Maria Callas 1950 in Rom unter Regie von Luchino Visconti. Er und einige andere, insbesondere Franco Zeffirelli und in Deutschland Günther Rennert, machten Rossini wieder in den Spielplänen heimisch. Nun wagte man auch ab und zu, wenn man die entsprechende Primadonna hatte, eine Opera seria: Tullio Serafin führte Maria Callas als Armida und Giulietta Simionato als Tancredi 1952 beim Maggio Musicale in Florenz zu Triumphen, von denen heute noch alte Rundfunkmitschnitte künden. Von anderen Dirigenten, die sich in besonderer Weise um Rossini verdient gemacht haben, seien wenigstens Gianandrea Gavazzeni, Nino Sanzogno, Carlo Maria Giulini und seit den sechziger Jahren Claudio Abbado erwähnt.

Entscheidende Impulse kamen dabei von philologischer Seite. Mit der Neuedition der Opern durch die Fondazione Rossini in Pesaro (ausgehend vom *Barbiere* 1969) begann auch eine Neubewertung. Viele Werke wurden auf diesem Wege überhaupt erst bekannt, und bei den anderen setzte die kritische Beschäftigung mit dem Notentext ein grundlegendes Nachdenken über Stil- und Aufführungsfragen, vor allem über die Belcanto-Tradition in Bewegung. Man kann zwar grundsätzlich entgegenhalten, daß die Anwendung strenger textkritischer Methoden mit dem Ziel einer gültigen, endgültigen Partiturgestalt im Sinne einer «Urtext»-Fassung für Rossinis Musik unangemessen sei. Deren wesentliches Element ist ja gerade das Individuelle und Improvisatorische; jede Kodifizierung – sei es in festgelegten Verzierungen, strikten Tempovorschriften oder sogenannten «authentischen» Strichen – widerspricht der Opernpraxis des 19. Jahrhunderts. Aber so schwer solcher Einwand wiegen mag, so gewichtig sind andererseits die Anregungen durch die von Alberto Zedda (der auch als Dirigent hervorgetreten ist), Philip Gossett und anderen vorgelegten Revisionsausgaben. Freilich sollte man diese Partituren nicht, wie man zuweilen erleben muß, als sakrosankte Denkmäler verstehen, mit denen die Interpreten eingeengt werden. Für die Zukunft wird man, gewissermaßen als zweite Phase der Rossini-Wiederbelebung, erhoffen dürfen, daß weniger die philologische Treue zum Notentext in den Mittelpunkt gestellt und der darstellerischen Individualität wieder mehr Raum gegeben wird.

Interpretatorische Freiheit und persönliche Deutung sind im Bereich von Bühnenbild und Inszenierung längst gegeben. Dabei reicht die Palette von konventionellen Arrangements zu bewußt retrospektiven Wirkungen, vom nostalgischen Bilderbogen über revuehafte Tableaus bis zur Pop-Show. Unter den Regisseuren war es namentlich Jean-Pierre Ponnelle, der Rossini in den siebziger und achtziger Jahren nicht nur über die großen europäischen Bühnen und Festivals, sondern auch über das Fernsehen populär gemacht hat. Gae Aulenti als Bühnenbildnerin und Luca

Ronconi als Regisseur machten *Il viaggio a Reims* zur Vorlage für ein postmodernes, ironisch verfremdetes Medienspektakel. Vieles wäre zu nennen.

Diese Entwicklung reicht unmittelbar in die Gegenwart hinein. Seit den siebziger Jahren ist die Rossini-Renaissance eng mit den technischen Medien verknüpft. Opern- oder Festivalaufführungen werden oftmals gemeinsam mit einer Plattenproduktion vorbereitet, und der heutige Musikfreund wird eine Oper wie *Semiramide* eher durch die grandiose Aufnahme mit Joan Sutherland und Marylin Horne als durch einen Besuch in der Scala oder Covent Garden kennen. Es wäre unmöglich, hier auch nur alle Namen und Daten solcher wichtigen Produktionen aufzuzählen. Neben den Wiederentdeckungen lange verschollener Partituren (zum Beispiel in den achtziger Jahren *Torvaldo e Dorliska* in Wien, *Il viaggio a Reims, Bianca e Falliero* und 1990 *Ricciardo e Zoraide* jeweils beim Rossini-Festival in Pesaro) wäre eine Reihe von Aufführungen zu nennen, die durch Sänger, musikalische Leitung und Regie Epoche machten. Aber ebenso wichtig, wenn nicht noch wichtiger für eine wirkliche Renaissance ist die Tatsache, daß Rossinis Musik auch von kleineren Theatern, oft von jungen Ensembles, auf die Bühne gebracht wird – und zwar überzeugend. Erst darin eigentlich, daß er nicht nur über den Starbetrieb, sondern auch in Kammeropern und kleinen Häusern sein Publikum findet, zeigt sich seine Lebendigkeit.

Anmerkungen

Folgende Quellen werden abgekürzt zitiert:

Bollettino	Bollettino del centro Rossiniano di studi, a cura della fondazione Rossini, Pesaro
Hanslick	Eduard Hanslick: Ein Besuch bei Rossini (Musikalische Erinnerungen aus Paris 1860), in: Geschichte des Concertwesens in Wien, 2. Band: Aus dem Concertsaal. Kritiken und Schilderungen. Wien 1870, S. 475–479, und: Rossini (Musikalische Briefe aus Paris, 1864), ebenda, S. 525–530
Hiller	Ferdinand Hiller: Plaudereien mit Rossini (1856), in: Aus dem Tonleben unserer Zeit, 2. Band. Leipzig 1868
Istel: Wagners Besuch	Edgar Istel: Rossiniana II. Wagners Besuch bei Rossini, in: Die Musik XI, März 1912, S. 259–277 und S. 342–355 (Kommentierte Übersetzung von: Édmond Michotte: Souvenirs personnels. La visite de R. Wagner à Rossini. Paris 1860. Détails inédits et commentaires. Paris 1906)
Rognoni	Luigi Rognoni: Gioacchino Rossini. Torino ²1981
Stendhal	Stendhal (Henri Beyle): Rossini (dt. von Barbara Brumm). Frankfurt a. M. 1988. Die Zitate wurden teilweise nach der französischen Ausgabe Paris 1929 revidiert.
Weinstock	Herbert Weinstock: Rossini. Eine Biographie (dt. von Kurt Michaelis). Adliswil 1981

Da es mehrere Auswahlausgaben der Briefe Rossinis gibt, die herangezogen wurden (vgl. Literaturverzeichnis), werden die Briefe lediglich mit ihrem Datum zitiert.

1 Paris 1824. Im selben Jahr erschien eine erweiterte deutsche Fassung: Amadeus Wendt: Rossinis Leben und Treiben, vornehmlich nach den Nachrichten des Herrn v. Stendhal geschildert und mit Urteilen der Zeitgenossen über seinen musikalischen Charakter begleitet. Leipzig 1824. – Seitdem gab es keine vollständige deutsche Ausgabe. Wenn nicht anders angegeben, beziehe ich mich auf die oben angegebene Neuausgabe.

2 Oper und Drama. Leipzig 1852, zit. nach der von Klaus Kropfinger herausgegebenen Ausgabe, Stuttgart 1984, S. 47

3 Stefan Kunze: Ironie des Klassizismus. Aspekte des Umbruchs in der musikalischen Komödie um 1800, in: Analecta musicologica XXI (Colloquium «Die stilistische Entwicklung der italienischen Musik zwischen 1770 und 1830 und ihre Beziehungen zum Norden», Rom 1978). Köln/Laaber 1982, S. 98

4 Stendhal, S. 10

5 Hiller, S. 1–84

6 Istel: Wagners Besuch

7 Richard Wagner: Eine Erinnerung an Rossini, in: Gesammelte Schriften und Dichtungen, 1. Band. Leipzig [4]1907, S. 222

8 Hiller, S. 36

9 Châttillon-Plessis: La vie à la fin du XIXe siècle. Théorie pratique et histoire de la gastronomie moderne. Paris 1894

10 Schriften und Briefe (hg. von Franz H. Mautner), 2. Band. Frankfurt a. M. 1983, S. 272 ff

11 Hiller, S. 15

12 Stendhal, S. 385

13 Hiller, S. 15 f

14 Hiller, S. 17

15 Brief vom 18. Oktober 1868

16 Quaderni Rossiniani I. Pesaro 1954, S. VIII

17 Hiller, S. 17

18 Hiller, S. 14

19 Hiller, S. 13 f

20 Hiller, S. 21

21 Hiller, S. 15

22 Hiller, S. 13 f

23 Istel: Wagners Besuch, S. 274

24 Zit. nach Alfredo Casella: Una ignota «sonata» per archi di Gioacchino Rossini, in: Rossiniana. Bologna 1942, S. 39

25 Ebenda

26 Hiller, S. 46

27 Hiller, S. 47

28 Hiller, S. 42

29 Hiller, S. 39

30 Weinstock, S. 43

31 Philip Gossett: The Tragic Finale of Rossini's Tancredi. Pesaro 1977. Schallplatte CBS I3M 39073 mit Marilyn Horne (Dirigent Ralf Weikert)

32 Hiller, S. 57

33 Stendhal, S. 341

34 Hanslick, S. 526

35 Hiller, S. 34 f

36 Stendhal: Rom, Neapel und Florenz. Berlin 1980, S. 11

37 Stendhal, S. 359

38 Rognoni, S. 361

39 Hiller, S. 57

40 Honoré de Balzac: Massimilla Doni, in: Das unbekannte Meisterwerk. Erzählungen. Zürich 1977, S. 179

41 Wie Anm. 36, S. 55

42 Stendhal, S. 355

43 Stendhal, S. 417

44 Stendhal, S. 362 f

45 Istel: Wagners Besuch, S. 274

46 Brief an den Vater, 28. 2. 1778

47 Brief an den Vater, 12. 9. 1781

48 Stendhal, S. 344

49 Vgl. Stendhal, S. 299

50 Hiller, S. 42

51 Ludwig Tieck: Schriften. Elfter Band. Schauspiele. Berlin 1829, Vorrede S. XLIX–LI. Vgl. auch die Vorrede zu «Das Ungeheuer und der verzauberte Wald. Ein musikalisches Märchen in vier Aufzügen» (1800), ebenda, S. 147–150

52 Inferno V, 121–123: «Nessun maggior dolore/che ricordasi del tempo felice/nella miseria...»

53 Vgl. Ivan Nagel: Autonomie und Gnade. München 1985, S. 11

54 Schillers Briefwechsel mit Körner. Berlin 1847, I. Teil, S. 9 (19. 2. 1785)

55 Hiller, S. 64 f

56 Stendhal, S. 310 f

57 Allgemein: Mathilde Marchesi: Variantes et Points d'Orgue pour les principaux airs du répertoire. Paris 1900. Speziell zur Arie Rosinas: H. S. Holland und W. S. Rockstro (Hg.): Jenny Lind. Ihre Laufbahn als Künstlerin 1820 bis 1851. 2. Band, Leipzig 1891, S. 13–17

58 Hiller, S. 64 f

59 Jürgen Kesting: Die großen Sänger. 3 Bände. Düsseldorf 1986, S. 78 (1. Band)

60 Istel: Wagners Besuch, S. 350

61 Georg Christoph Lichtenberg: Ausführliche Erklärung der Hogarthischen Kupferstiche, in: Schriften und Briefe, wie Anm. 10, Band 3, S. 290. Vgl. auch: Über die Schwärmerei und Modetorheiten unserer Zeit, ebenda, Band 1, S. 584

62 Goethe: Frauenrollen auf dem Römischen Theater durch Männer gespielt, in: Goethes Werke (Weimarer Ausgabe) 1. Abteilung, Band 47. Weimar 1896, S. 270

63 Hiller, S. 27
64 Wie Anm. 62, S. 274
65 Stendhal, S. 21
66 Hiller, S. 31
67 Zit. nach Josef Loschelder: Rossinis Bild und Zerrbild in der Allgemeinen Musikalischen Zeitung Leipzig, in: Bollettino 1977, Nr. 3, S. 22
68 Geltrude Righetti-Giorgi: Cenni di una donna già cantante sopra il Maestro Rossini... (1822), zit. nach Rognoni, S. 368f
69 Zit. nach Friedrich Lippmann: Rossini – und kein Ende, in: Studi musicali X, 1981, Nr. 1, S. 281
70 Briefe eines aufmerksamen Reisenden, Band I. Frankfurt a. M. und Leipzig 1774, zit. nach Ricmann: Musiklexikon, Sachteil. Mainz 1967, Art. Crescendo, S. 192
71 Die verkehrte Welt, historisches Schauspiel (1798)
72 Stendhal, S. 317
73 Heinrich Heine, Reisebilder 3. Teil, Italien (1828), Reise von München nach Genua, in: Sämtliche Schriften (hg. von Klaus Briegleb), Band 3. München 1976, S. 372
74 Zit. nach Wolfgang Koeppen: Chamisso und Peter Schlemihl, in: Die elenden Skribenten. Frankfurt a. M. 1984, S. 29
75 Wie Anm. 2, S. 45
76 Wie Anm. 73, S. 353
77 Vgl. hierzu grundsätzlich Bernd Sponheuer: Musik als Kunst und Nicht-Kunst. Untersuchungen zur Dichotomie von ‹hoher› und ‹niederer› Musik im musik-ästhetischen Denken zwischen Kant und Hanslick (Kieler Schriften zur Musikwissenschaft 30). Kassel 1987
78 Carl Dahlhaus: Die Musik des 19. Jahrhunderts (Neues Handbuch der Musikwissenschaft, Band 6). Wiesbaden/Laaber 1980, S. 7f
79 Zum Stoff vgl. etwa Norbert Miller: Nachwort zu: Beaumarchais: Figaros Hochzeit (Die Figaro-Trilogie). Frankfurt a. M. 1976, S. 347–394. Zur Geschichte dieses Sujets vgl. die Literaturangaben bei Volker Scherliess: Il Barbiere di Siviglia: Paisiello und Rossini, in: Analecta musicologia XXI (wie Anm. 3), S. 100–127, Anm. 6
80 Alfred Loewenberg: Annals of Opera. Cambridge/New York 1943
81 Vgl. Alfred Loewenberg: Paisiello's and Rossini's «Barbiere di Siviglia», in: Music and Letters XX, 1939, S. 157–167
82 Seit der Bologneser Aufführung im August 1816 bürgerte sich der angemessenere Titel Il barbiere di Siviglia ein.
83 Avvertimento al Pubblico, vgl. Weinstock, S. 69f
84 Das gehörte zu den Aufführungsbedingungen. Es war einerseits «nach modernem Brauch nötig...,aber auch, weil die musikalische Wirkung in einem Theater von solch großem Fassungsvermögen wesentlich davon abhängt.» (Avvertimento al Pubblico, ebenda)
85 Lorenzo Da Ponte: Memorie. Milano 1960, S. 96f
86 Bezeichnenderweise hat auch Paisiello für eine Aufführung 1787 im (öffentlichen) Teatro dei Fiorentini in Neapel (die erste Aufführung in Italien hatte vier Jahre zuvor im Hoftheater von Caserta stattgefunden) die Oper neu eingerichtet und dabei u. a. ein umfangreiches Finale nachkomponiert.
87 Vgl. ausführlicher Volker Scherliess, wie Anm. 79
88 Zum Begriff «Gerüstsatz» vgl. vor allem Wolfgang Osthoff: Die Opera buffa, in: Gattungen der Musik in Einzeldarstellungen (Gedenkschrift Leo Schrade, 1. Folge). Bern und München 1973, S. 678–743, besonders 708ff
89 Das entsprechende Notenbeispiel in Volker Scherliess, wie Anm. 79, S. 114–116
90 Scorsi già molti paesi, dem Typus der «Registerarie» Leporellos aus Mozarts «Don Giovanni» verwandt.
91 Vgl. hierzu Stefan Kunze, wie Anm. 3, insbesondere S. 77f

92 Vgl. die Schilderung bei Stendhal, S. 265 ff
93 Weinstock, S. 183
94 Wie Anm. 40, S. 136–260
95 Stendhal, S. 19
96 Vgl. etwa Heinrich Heine: Über die französische Bühne, in: Sämtliche Schriften (hg. von Klaus Briegleb), Band 5. München 1976, S. 335 f
97 Wie Anm. 40, S. 221
98 Wie Anm. 73, S. 353 f
99 Vgl. zum Werk allgemein und zur Rekonstruktion Janet Johnson: A Lost Rossini Opera Recovered: Il Viaggio a Reims, in: Bollettino 1984, S. 7–57 sowie den Begleittext zur Gesamtaufnahme der Deutschen Grammophongesellschaft unter Claudio Abbado
100 Vgl. Emil Staiger: Gipfel der Zeit. Studien zur Weltliteratur. Zürich und München 1979, S. 226
101 Camille Saint-Saëns: Rossini (1911), in: Musikalische Reminiszenzen. Leipzig 1977, S. 96
102 Hanslick, S. 478
103 Istel: Wagners Besuch, S. 350
104 14. 2. 1854
105 Istel: Wagners Besuch, S. 350
106 Dieses und die folgenden Zitate nach Kesting, wie Anm. 59, S. 67 ff
107 Vgl. Hubert Stuppner: La Traviata oder: die sinnliche Aufdringlichkeit von Musik, in: Musikkonzepte 10, Giuseppe Verdi. München 1979, S. 38
108 Carl Gustav Carus: Bühnenkunst im Jahre 1835, in: Denkwürdigkeiten aus Europa (hg. von Manfred Schlösser). Hamburg 1963, S. 457
109 Zit. nach Heinz Becker: Meyerbeer in Selbstzeugnissen und Bilddokumenten, Reinbek 1980, S. 101
110 Johann Peter Eckermann, Brief vom 28. V. 1830, in: Gespräche mit Goethe in den letzten Jahren seines Lebens. Artemis-Ausgabe, Zürich [3]1976, S. 412 f
111 18. 8. 1838
112 Zit. nach Adolpf Kohut: Rossini. Leipzig 1892, S. 78
113 Hiller, S. 68
114 Die Wagner-Anhängerschaft in Italien bezog sich in den fünfziger und sechziger Jahren vor allem auf die theoretischen Schriften; erst 1871 begann mit dem «Lohengrin» in Bologna die Aufführung Wagnerscher Musik (vgl. Ute Jung: Die Rezeption der Kunst Richard Wagners in Italien [Studien zur Musikgeschichte des 19. Jahrhunderts Band 35]. Regensburg 1974, S. 54).
115 Eine Zusammenstellung und Deutung bei Friedrich Lippmann: Rossinis Gedanken über die Musik, in: Die Musikforschung 1969, S. 285–298
116 Anspielung auf das Wortspiel la fama – der Ruhm, la fame – der Hunger
117 26. 8. 1868
118 21. 4. 1868
119 Unterhaltungen mit Goethe 25. XI. 1823, zit. nach Hugo von Hofmannsthal: Aufzeichnungen aus dem Nachlaß (1906), in: Reden und Aufsätze III. Frankfurt a. M. 1980, S. 478
120 Vgl. Karl Gustav Fellerer (Hg.): Geschichte der katholischen Kirchenmusik, Band II. Kassel usw. 1976. Leopold Kantner: Stilistische Strömungen in der italienischen Kirchenmusik 1770–1830 in: Analecta musicologica (wie Anm. 3), S. 380–392
121 Carl Borromäus von Miltitz, zit. nach Wendt (wie Anm. 1), S. 211 f (ähnlich bei Weinstock, S. 120)
122 Stendhal, S. 322
123 Messa di Gloria, hg. von Herbert Handt. Adliswil-Zürich/Lottstetten–Waldshut (Edition Kunzelmann) 1987
124 Vgl. Weinstock, S. 295 f
125 Vgl. Georg von Dadelsen: Parodie und Kontrafaktur seit 1600, in: Die Musik in Geschichte und Gegenwart (MGG), Band 10. Kassel 1962, Spalte 826–834
126 Nicht erhalten, erwähnt bei Weinstock, S. 441
127 Vgl. das Vorwort von Alfred Einstein zur Taschenpartitur (Eulenburg Nr. 4801)
128 Hiller, S. 74

129 Es läßt sich nicht mehr feststellen, welche die ursprünglichen Sätze waren und welche nachkomponiert wurden. Zur Entstehung vgl. Weinstock, S. 208 und S. 241 ff

130 Gesammelte Schriften und Dichtungen, 1. Band. Leipzig ⁴1907, S. 187

131 Heinrich Heine (1842, publiziert in «Lutetia», Hamburg 1854), zit. nach: Sämtliche Schriften, Band 9. München–Wien 1976, S. 396–400

132 11. II. 1846 (Heine Briefe, hg. von Friedrich Hirth. Mainz 1965, S. 50). In «Deutschland – ein Wintermärchen», Caput XVI, 22 (1844) reimte er «Felix heißt er,/ Er brachte es weit im Christentum,/Ist schon Kapellmeister.»

133 Stendhal, S. 107

134 Schriften zur Musik. Aufsätze und Rezensionen. Hg. von Friedrich Schnapp, München 1977, S. 412.

135 Musikalische Poetik, in: Igor Strawinsky – Leben und Werk von ihm selbst. Zürich–Mainz 1957, S. 190

136 Die Welt als Wille und Vorstellung. 3. Buch, § 52, zit. nach Sämtliche Werke, Band I und II. Leipzig 1905, S. 351 f

137 Weinstock, S. 240

138 Hanslick, S. 529

139 Weinstock, S. 372

140 26. 4. 1866

141 Weinstock, S. 373

142 Weinstock, S. 375

143 1. Korinther XIV, 34

144 Vgl. Ferdinand Haberl, in: Karl Gustav Fellerer (Hg.): Geschichte der katholischen Kirchenmusik, Band II. Kassel 1976, S. 286

145 Weinstock, S. 308

146 Adolph Kohut, wie Anm. 112, S. 98

147 Hanslick, S. 527

148 Hiller, S. 7, das folgende Zitat ebenda

149 Weinstock, S. 376 f

150 Jean Cocteau: Die Farben der Erinnerung. Frankfurt a. M. 1988, S. 17 f

151 Stendhal, wie Anm. 36, S. 51

152 Hiller, S. 8

153 Hiller, S. 80

154 Hanslick, S. 529

155 Vgl. Franz Liszt in seinen Briefen. Berlin 1987, S. 192

156 26. 8. 1868

157 Stendhal, S. 336

158 Hiller, S. 19 f

159 Istel: Wagners Besuch, S. 344

160 Franz Werfel: Verdi, Roman der Oper. Frankfurt a. M. 1955, S. 159

161 Hanslick, S. 476

162 Ebenda, S. 529

163 Weinstock, S. 395–400

164 Weinstock, S. 397

165 Giuseppe Verdi: Briefe (hg. und übersetzt von Hans Busch). Frankfurt a. M. 1979, S. 85 f. Vgl. auch Ulrich Prinz (Hg.): Messa per Rossini. Geschichte, Quellen, Musik (Internationale Bachakademie Stuttgart, Schriftenreihe Band 1). Stuttgart 1988, S. 70 f

166 Liederhalle Stuttgart, unter Leitung von Helmuth Rilling

167 Hiller, S. 83

168 Vgl. Musikantiquariat Schneider Tutzing, Katalog Nr. 100 (Brahms), Nr. 1056

169 Hiller, S. 52 f

170 Robert Schumann: Gesammelte Schriften über Musik und Musiker. Band II, Leipzig ²1871, S. 352

171 3. Akt, Auftritt der Schneider

172 Wie Anm. 68, S. 368

173 Vgl. Constantin Floros: Beethovens Eroica und Prometheus-Musik (Veröffentlichungen zur Musikforschung, hg. von Richard Schaal Nr. 3). Wilhelmshaven 1978, insbesondere S. 35–48

174 Wilhelm Hauff: Memoiren des Satans. Einige Scenen aus dem Jahr 1826, in: Sämtliche Werke. Berlin–Leipzig 1909, Band IV, S. 167–173. (Derselbe Autor schrieb auch eine Opernnovelle «Othello», ebenda, Band I, S. 42–78)

175 In: Kunstansichten. Ausgewählte Schriften. Leipzig 1975, S. 53–56

176 Heinrich Sievers: Scurrilia in musica. Tutzing 1988, S. 48

177 *Tancredi, Cenerentola, Donna del lago, Semiramide, Comte Ory, Guillaume Tell, Otello* und der *Buona sera*-Ruf aus dem *Barbiere*

178 Anonyme Rezension über *La Ce-*

nerentola, in: Allgemeine Musikalische Zeitung, XXII, 1820, S. 670

179 Zit. nach Istel: Wagners Besuch, S. 272

180 Nachträgliche Bemerkungen über Spontinis Oper Olympia, Berlin 1821, zit. nach: Schriften zur Musik. Aufsätze und Rezensionen (hg. von Friedrich Schnapp). München 1977, S. 364 f

181 Konzept eines Gutachtens über den Begriff *Opera buffa* an den Syndikus des Königstädtischen Theaters in Berlin, Justizrat Kunowski (1827), in: Goethes Werke (Weimarer Ausgabe) IV. Abteilung, Briefe, Band 42. Weimar 1907, S. 160 und Lesarten S. 348

182 Filosofia della musica (1836), zit. nach: Musik zur Sprache gebracht (hg. von Carl Dahlhaus und Michael Zimmermann). Kassel–München 1984, S. 244

183 Memoiren (hg. von Wolf Rosenberg). München 1979, S. 48

184 Honoré de Balzac, wie Anm. 40, S. 212

185 Oper und Drama, wie Anm. 2, S. 42

186 Aphorismen von den Davidsbündlern. Rossini, in: Gesammelte Schriften über Musik und Musiker, 1. Band. Leipzig [2]1871, S. 123

187 Briefe (hg. von Rudolf Elvers). Frankfurt a. M. 1984, S. 192

188 Weinstock, S. 357

189 Briefe (hg. und übersetzt von Hans Busch). Frankfurt a. M. 1979, S. 89

190 Ästhetik, Band II (hg. von Friedrich Bassenge). Frankfurt a. M. o. J. (1955), S. 317

191 Brief an einen Freund, zit. nach Istel: Wagners Besuch, S. 265

192 Aus den nachgelassenen Fragmenten, in: Sämtliche Werke (hg. von Giorgio Colli und Mazzino Montinari). München 1981, Band 12, S. 43

193 Reisebilder, wie Anm. 73, S. 353

Zeittafel

1792 Am 29. Februar in Pesaro wird das einzige Kind von Giuseppe Rossini und Anna, geb. Guidarini, geboren und am selben Tag auf den Namen *Giovacchino Antonio* getauft. Der Vater ist Stadttrompeter und Hornist im Orchester, die Mutter tritt als Sängerin auf.

1797 Giuseppe Rossini verliert nach dem Einzug der Franzosen in Pesaro sein Amt als Stadttrompeter.

1798 Giuseppe (mit dem Spitznamen *Il Vivazza* – der Lebhafte) tritt für die Franzosen ein und muß nach Wiederherstellung der päpstlichen Herrschaft Pesaro verlassen. Er und seine Frau beginnen das Leben von wandernden Musikern. Engagements in der Emilia-Romagna und den Marken. Gioacchino wird zur Großmutter gegeben.

1799 Giuseppe wird von den Österreichern wegen seiner politischen Betätigung (Einsatz für die Ideale der Französischen Revolution) verhaftet, muß für zehn Monate ins Gefängnis und kommt nach der Besiegung der Österreicher (Schlacht von Marengo, 14. Juni 1800) wieder frei.

1801 Giuseppe wird *Professore di corno di caccia* an der Akademie von Bologna, Gioacchino erhält Unterricht bei ihm. Er lernt auch Klavier und Viola und wirkt in Aufführungen mit.

1802 Die Familie zieht nach Lugo, wo Gioacchino musikalische Unterweisung durch Giuseppe Malerbi erhält. In dessen Bibliothek lernt er neben italienischer Musik auch Kompositionen von Haydn und Mozart kennen, die ihm für sein ganzes Leben die höchsten Vorbilder bleiben.

1804 Ohne eigentliches Studium, geschult durch den praktischen Umgang mit Musik, schreibt er die *Sei sonate à quattro* für zwei Violinen, Violoncello und Kontrabaß. Erstes Auftreten des zwölfjährigen *Cittadino Gioacchino Rossini* als Sänger und Instrumentalist.

1805 Die Familie zieht nach Bologna. Rossini wirkt als Sänger in Aufführungen mit und erhält den ersten Kompositionsunterricht bei Padre Angelo Tesei.

1806 Beginn des Studiums am Liceo Musicale (Violoncello, Klavier und Kontrapunkt bei Padre Stanislao Mattei, dem Nachfolger des legendären Padre Martini); unter seinen Mitschülern sind Francesco Morlacchi und Gaetano Donizetti. Für seine Leistungen als Sänger wird er durch die Aufnahme in die Accademia Filarmonica di Bologna geehrt. Wegen seiner Vorliebe für deutsche Instrumentalmusik erhält er den Spitznamen *il tedeschino*. – Aus mehreren Einzelsätzen, die er für die befreundete Familie Mombelli schreibt, entsteht seine erste Oper *Demetrio e Polibio*.

1808 Rege Tätigkeit als *Maestro al Cembalo*, der den Generalbaß spielt, die Rezi-

135

tative begleitet und zugleich die Aufführung vom Instrument aus leitet. Daneben Kompositionen verschiedener Gattung wie die Kantate *Il pianto d'Armonia sulla morte d'Orfeo* und die *Sinfonia D-Dur*.

1810 Rossini verläßt das Liceo Musicale in Bologna, um seine erste scrittura zu erfüllen: *La cambiale di matrimonio* (Venedig, Teatro San Mosè). Der Erfolg zieht weitere Aufträge nach sich.

1811 Kantate *La morte di Didone* für die Gönnerin Ester Mombelli; Opera buffa *L'equivoco stravagante* für das Teatro del Corso in Bologna. Vorbereitung einer Aufführung von Haydns «Schöpfung», die zeitlebens eines seiner Lieblingswerke bleibt.

1812 Es entstehen fünf Opern: das geistliche *dramma con cori* (Oratorium) *Ciro in Babilonia* (Ferrara), die Opera buffa *La pietra del paragone* sowie die einaktigen Farse *La scala di seta*, *L'inganno felice* und *L'occasione fa il ladro* (Venedig, Teatro San Mosè).

1813 Neben der Farsa *Il signor Bruschino* (Venedig, Teatro San Mosè) und der Buffa *L'italiana in Algeri* (Venedig, Teatro San Benedetto) entstehen die Opere serie *Tancredi* (Venedig, La Fenice) und *Aureliano in Palmira* (Mailand, Teatro alla scala).

1814 Ende der napoleonischen Ära. Wiener Kongreß (Neuordnung Europas). *Il turco in Italia* (Mailand, Scala) und die Opera seria *Sigismondo* (Venedig, La Fenice).

1815 Murat in Bologna. Rossini schreibt seine «Hymne an die Unabhängigkeit» (*Inno dell'Independenza*). Seine Opern werden in ganz Italien aufgeführt; insbesondere *Tancredi* wird zum Inbegriff einer «modernen», mitreißenden Musiksprache. Der Impresario des Teatro San Carlo in Neapel, Domenico Barbaja, verpflichtet ihn. Debüt in Neapel mit *Elisabetta, regina d'Inghilterra* unter Mitwirkung von Isabella Colbran, Andrea Nozzari und Manuel Garcia. *Torvaldo e Dorliska* (Rom, Teatro Valle), Vertrag für den *Barbiere di Siviglia* (15. Dezember).

1816 Das Teatro San Carlo brennt in der Nacht vom 13. zum 14. Februar ab. Barbaja läßt es in kürzester Zeit wieder aufbauen. 20. Februar: Stürmische Premiere von *Almaviva, ossia L'inutile precauzione* im Teatro Argentina (Rom). Nach anfänglichem Mißerfolg wird die Oper unter dem Namen *Il barbiere di Siviglia* bald bejubelt. In Neapel entstehen die Kantate *Le nozze di Teti e di Peleo*, die Opera buffa *La gazzetta* und die Opera seria *Otello*.

1817 Wieder in Rom, schreibt Rossini *La Cenerentola* (Teatro Valle) und *Adelaide di Borgogna* (Teatro Argentina); für Neapel die Opera seria *Armida*, für Mailand (Scala) die Opera semiseria *La gazza ladra*.

1818 Die Premiere der geistlichen Oper *Mosè in Egitto* (Neapel) endet erfolglos. Opera semiseria *Ricciardo e Zoraide* (Neapel). Das Opernhaus in Rossinis Geburtsstadt Pesaro wird am 10. Juni mit *La gazza ladra* feierlich eröffnet. Vertrag mit der Oper Lissabon für *Adina* (Uraufführung 1826). Beginn der Verhandlungen mit der Pariser Opéra.

1819 Umarbeitung des *Mosè in Egitto* (die eingefügte *Preghiera*, das Gebet der Juden vor dem Zug durchs Rote Meer, wird bald weltberühmt und in unzähligen Varianten bearbeitet). Auf Grund der politischen Thematik (Gefangenschaft des jüdischen Volkes und seine Befreiung durch Gottes Hilfe) wird das Werk zu einer Nationaloper der Italiener. Es entstehen vier weitere Opern: *Ermione* (Neapel), *Eduardo e Cristina* (Venedig), *La donna del*

Iago nach einem Roman von Sir Walter Scott (Neapel) und *Bianca e Falliero* nach Alessandro Manzoni (Mailand).

1820 Mit der *Messa di Gloria* (Neapel) gibt Rossini ein typisches Beispiel für die kirchenmusikalische Praxis der Zeit, indem er neben neukomponierten Teilen auch Opernnummern mit geistlichem Text unterlegt und in die Komposition aufnimmt («Parodieverfahren»). Er dirigiert Gasparo Spontinis große französische Oper «Fernand Cortez» in Neapel und schreibt seinen *Maometto II* (nach Voltaire). Die früheren Opern verschaffen Rossini internationale Popularität.

1821 Die Uraufführung der Opera semiseria *Mathilde (di) Shabran* (Rom, Teatro Apollo) wird von Niccolò Paganini dirigiert. Rossini führt Haydns «Schöpfung» in Neapel auf. Verhandlungen mit ausländischen Opernhäusern über Aufträge und Konzertreisen. Abschied von Neapel mit der Kantate *La Riconoscenza* am 27. Dezember im Teatro San Carlo. Am Tag danach reist Rossini nach Bologna.

1822 Am 22. März in Castenaso bei Bologna Heirat mit Isabella Colbran, die er seit seiner Ankunft in Neapel kennt. In Neapel (San Carlo) wird *Zelmira* aufgeführt. Rossinis Auftreten in Wien (13. April bis 8. Juli) verursacht beim Publikum einen legendären «Taumel»; seine Werke erscheinen in unzähligen Bearbeitungen. Er hört u. a. Webers «Freischütz» und Beethovens «Eroica». Besuch bei Beethoven; unter dem Eindruck der bedrängten Lebensumstände Beethovens setzt sich Rossini dafür ein, den tauben Meister finanziell zu unterstützen. – Kongreß von Verona. Rossini schreibt auf Einladung Metternichs mehrere Kantaten, darunter *Il vero omaggio* und *La Santa Alleanza*, indem er größtenteils ältere Werke wiederverwendet und mit neuem Text unterlegt. Nicht zuletzt diese Tätigkeit trug ihm den Ruf eines Reaktionärs und «Metternichs der Musik» (Wagner) ein.

1823 Mit *Semiramide* (Venedig, La Fenice) schreibt Rossini seine letzte italienische Oper. Er erhält eine Einladung, am King's Theatre in London mehrere alte Opern zu dirigieren und eine neue zu schreiben. Zunächst reist er nach Paris, wo er am 16. November mit einem Ehrenbankett begrüßt wird (dieses legendäre «Picknick de Rossini» wird am 29. November in einer komödiantischen Aufführung «Rossini à Paris ou Le Grand Diner» von Eugène Scribe und Edmond Mazères auf die Bühne gebracht). Die Presse berichtet in allen Einzelheiten über seinen Besuch. Im Dezember reist er mit seiner Frau nach London.

1824 Aufenthalt in London. Er feiert Triumphe beim breiten Publikum sowie bei seinen hochbezahlten Auftritten als Klavierbegleiter in den Salons der Aristokratie. Allerdings bleibt die erhoffte neue Oper aus, statt dessen schreibt er *Il pianto delle muse in morte di Lord Byron* und ein Duo für Violoncello und Kontrabaß. – Rückkehr nach Paris. Trotz starker Intrigen seiner Gegner (insbesondere des Komponisten und Operndirektors Ferdinando Paër) übernimmt er am 30. Juli die Leitung der Italienischen Oper (Théâtre italien) in der Salle Louvois. – Kurzer Besuch in Bologna. – Stendhals «Vie de Rossini» erscheint.

1825 Zur Krönung König Charles' X. wird *Il viaggio a Reims* aufgeführt. Rossini überwacht die Wiederaufnahmen seiner älteren Werke und bringt u. a. Meyerbeers «Il crociato in Egitto» heraus.

1826 *Le siège de Corinthe* erscheint als grundlegend veränderte, «französische» Bearbeitung von *Maometto II* (1820).

1827 Anna Rossini stirbt in Bologna; Rossini holt seinen Vater nach Paris. Nach der Vorlage des *Mosè in Egitto* (1819) entsteht *Moïse et Pharaon*.

1828 Unter Verwendung umfangreicher Teile aus der (nur zweimal aufgeführten) Krönungsoper *Il viaggio a Reims* schreibt Rossini seine einzige komische französische Oper, *Le Comte Ory*.

1829 Uraufführung des letzten Bühnenwerks, der Grand opéra *Guillaume Tell*. Rossini wird als größter lebender Komponist gefeiert. Mit der Verpflichtung, alle zwei Jahre eine neue Oper für Paris zu schreiben, reist er nach Bologna. Treffen mit Vincenzo Bellini («Il pirata»), für dessen Schaffen er sich später nachdrücklich einsetzt.

1830 Während der ersten Jahreshälfte in Bologna. Pläne für eine neue Oper (Idee zur Vertonung des Faust-Stoffs nach Goethe). – Durch die Juli-Revolution wird Charles X. abgesetzt; der «Bürgerkönig» Louis-Philippe tritt an seine Stelle. Rossinis Vertrag wird gekündigt. Er begibt sich nach Paris, um seine Rechte einzufordern. Der Streit zieht sich über Jahre hin. – Ab September Spanien-Reise mit dem befreundeten Bankier Alexandre-Marie Aguado. In Madrid nimmt er den Auftrag von Fernandez Varela an, ein *Stabat mater* zu komponieren.

1831 Im März Rückkehr nach Paris. Trennung von Isabella. Nervenkrise. Nur unter Mühen schreibt er einzelne Teile des *Stabat mater*, Reise mit Aguado nach Südfrankreich.

1832 Rossini lernt Olympe Pélissier kennen und widmet ihr die Solokantate *Giovanna d'arco*. Sie pflegt ihn in seinen häufiger werdenden Anfällen von Depressionen, die wohl von seinen körperlichen Leiden (Gonorrhoe, Urethritis sowie hinzukommende langwierige Blasen- und Darmkrankheiten) herrühren dürften. Auf der Suche nach Heilung werden in den folgenden Jahren die verschiedensten Ärzte und Kurorte aufgesucht.

1833 Am Karfreitag erklingt das *Stabat mater*, bei dem Giovanni Tadolini die Komposition einzelner Sätze übernommen hatte, in Madrid. Rossini schreibt einige der Vokalstücke, die später unter dem Titel *Soirées musicales* publiziert wurden.

1834 Während des Sommers in Bologna. Ende August Rückkehr nach Paris.

1835 Auf Betreiben Rossinis bringt das Théâtre italien Bellinis «I Puritani» und Donizettis «Mariano Falerio» heraus. Bei den Trauerfeierlichkeiten im Invalidendom für den mit 34 Jahren verstorbenen Bellini gehört Rossini zu den Sargträgern. – Es entstehen weitere Stücke der Sammlung, die im Dezember als *Soirées musicales* erscheinen. Regelung des Rechtsstreits mit der französischen Regierung um seine finanzielle Versorgung.

1836 Reisen durch Belgien und Deutschland mit dem befreundeten Baron Rothschild. In Frankfurt a. M. trifft er Felix Mendelssohn Bartholdy, der ihm Musik von Bach nahebringt. Den Auftrag des Kärntnertortheaters in Wien für eine neue Oper kann er aus gesundheitlichen Gründen nicht annehmen. Nach kurzem Paris-Aufenthalt Rückkehr nach Bologna.

1837 Formelle Trennung von Isabella Colbran. Rossini und Olympe Pélissier reisen nach Mailand. Treffen mit Franz Liszt, der die *Soirées musicales* für Klavier bearbeitet. Nach dem Tod von Fernandez Varela wird das Manuskript des *Stabat mater* verkauft und soll vom neuen Besitzer publiziert werden.

Rossini geht mit juristischen Mitteln gegen diesen Plan vor, da das Werk nicht für die Öffentlichkeit gedacht und nicht von ihm vollendet war.

1838   Rückkehr nach Bologna, wo der Vater schwer erkrankt ist.

1839   Giuseppe Rossini stirbt am 20. April. Vertrag als ständiger Berater des Liceo Musicale. Der Gesundheitszustand verschlechtert sich. Aufenthalt in Neapel. Arbeit an der Komplettierung des *Stabat mater*.

1840   Durch fehlerhafte Behandlung verschlimmert sich die Urethritis. – Tod Paganinis.

1841   Reisen nach Venedig und Kuraufenthalte. Rossini versucht, Donizetti für das Direktorenamt am Liceo Musicale in Bologna zu gewinnen.

1842   Nach langem Rechtstreit wird das *Stabat mater* am 7. Januar im Théâtre italien in Paris uraufgeführt. – 18. März: Aufführung in Bologna unter Donizetti. Es gelingt nicht, Donizetti für Bologna zu gewinnen. Besuch Verdis bei Rossini.

1843   Mai bis September in Paris zur ärztlichen Behandlung. Rückkehr nach Bologna, um sich dort definitiv niederzulassen. Aufführung von Verdis «Nabucco».

1844   Unter Verwendung von Teilen aus seiner Bühnenmusik zu Sophokles' *Edipo a Colono* entstehen die *Trois chœurs réligieux*. Zu ihrer Verbreitung tragen auch die Lisztschen Bearbeitungen bei.

1845   Isabella Colbran-Rossini schwer erkrankt. Rossini besucht sie; sie stirbt am 7. September im Alter von 60 Jahren.

1846   Rossini nimmt das Amt des Direktors des Liceo Musicale in Bologna an. 16. August Heirat mit Olympe Pélissier in Bologna. Es entstehen zwei Kantaten zu Ehren des Papstes Pius IX.

1847   *Tantum ergo* für zwei Tenöre und Baß mit großem Orchester zur feierlichen Weihe der Kirche San Francesco dei Minori Conventuali zu Bologna am 28. November.

1848   Aus Schrecken über die revolutionären Handlungen in Bologna flüchtet Rossini nach Florenz.

1849   Die Rossinis bleiben in Florenz. Andauern der Krankheit.

1850   Rückkehr nach Bologna, um die Amtsgeschäfte am Liceo Musicale wieder aufzunehmen.

1851   Da Rossini im Ruf steht, politisch der Restauration anzugehören, ist er Verdächtigungen ausgesetzt. Als er am 1. Mai, umgeben von Freunden und Bewunderern, unerwartet den Besuch von Conte Nobili, dem österreichischen Gouverneur, erhält, verlassen die Freunde Rossinis Haus. Entsetzt über diesen Affront zieht er wiederum nach Florenz und verkauft seine Bologneser Besitzungen.

1853   Zunahme der Depressionen bis zum Gedanken an Selbstmord.

1853/54 Anhaltender schlechter physischer und psychischer Zustand; Nervosität, Depressionen und Schlaflosigkeit machen jede Arbeit unmöglich.

1855   Am 26. April verläßt Rossini Italien endgültig. Ende Mai Ankunft in Paris. Bei einem Kuraufenthalt in der Normandie Treffen mit Ferdinand Hiller, der im Jahr darauf seine «Plaudereien mit Rossini», eine der wichtigsten biographischen Quellen, verfaßt.

1856   Rossini und seine Frau mieten neben der Pariser Stadtwohnung eine kleine Villa in Passy. Kuraufenthalte in Wildbad und Kissingen.

1857   Besserung des Gesundheitszustands. Als Dank an seine Frau schreibt Rossini eine *Musique anodine*. Ab diesem Zeitpunkt entstehen die «Sünden des Alters» (*Péchés de vieillesse*), die nicht für die Publikation, sondern nur für den häuslichen Gebrauch bestimmt sind.

1858 Mit dem «Samedi soir» am 18. Dezember beginnt eine lange Reihe musikalischer Veranstaltungen im Salon des Ehepaars Rossini, die zu begehrten künstlerischen und gesellschaftlichen Ereignissen werden. – Rossinis Testament sieht die Gründung des Liceo Musicale in seiner Geburtsstadt Pesaro sowie die Stiftung eines Altersheims für Sänger und eines Kompositionsstipendiums vor.

1859 Grundsteinlegung für eine eigene Villa in Passy. Rossini hat mehrere staatliche Ämter inne, zum Beispiel den Posten eines Inspecteur général du chant und des Präsidenten der musikalischen Regierungskommission, die den Kammerton A auf 435 Schwingungen festlegt. Als *Ex-compositore* («Komponist a. D.») dem Konkurrenzkampf enthoben, ist er zu einer Instanz in musikalischen Fragen geworden, deren Rat von allen Seiten geschätzt wird.

1860 Bei ihren Aufenthalten in Paris empfängt Rossini u. a. Besuche von Ignaz Moscheles, Eduard Hanslick und Richard Wagner (im März).

1861–63 Für die «Samedis soirs» entstehen – zum Teil mit ironischen Titeln versehen und als heiterer Kommentar zum zeitgenössischen Musikleben – weitere Vokal- und Klavierkompositionen, die in mehreren Alben gesammelt werden.

1864 Zur Einweihung der Hauskapelle im Palais des befreundeten Grafen Pillet-Will schreibt Rossini die *Petite Messe solennelle*, die größte Begeisterung der Hörer hervorruft. – Erschütterung über den Tod Giacomo Meyerbeers.

1865 Besuch von Max Maria von Weber.

1866 Besuch von Franz Liszt, der in Rossinis Salon auftritt. Der Plan, die *Petite Messe solennelle* in einer orchestrierten Fassung herauszubringen und in der Kirche aufzuführen, veranlaßt den Maestro zu einer grundsätzlichen Eingabe an den Papst mit dem Ziel, auch Frauenstimmen für die katholische Kirchenmusik offiziell zuzulassen.

1867 Arbeit an der Instrumentierung der *Petite Messe solennelle. Hymne à Napoleon III et à son Vaillant Peuple* («*Dieu tout puissant*»). Aufführung am 1. Juli in Palais de l'industrie.

1868 Am 7. Februar 500. Aufführung von *Guillaume Tell* an der Pariser Oper. Letzter «Samedi soir» am 26. September. Anfang November Operationen an einer Darmfistel. Am Freitag, dem 13. November, stirbt Rossini, nachdem er in den letzten Tagen ständig von seiner Frau Olympe und nahen Freunden (unter ihnen der Maler Gustave Doré und die junge Sängerin Adelina Patti) umgeben war. Trauerfeier in der Kirche Sainte Trinité mit über 4000 Anwesenden. Unter großer Anteilnahme der Bevölkerung wird er auf dem Friedhof Père-Lachaise bestattet. – Trauerfeiern in zahlreichen europäischen Städten. In Italien wird Rossini nicht nur als Komponist, sondern auch als Nationalheld verehrt. Verdi ruft zu einer «Messa per Rossini» unter Beteiligung aller wichtigen italienischen Komponisten auf. Die vorläufige Hauptstadt Italiens, Florenz, beantragt die Überführung der sterblichen Überreste, die aber erst am 2. Mai 1887 erfolgt. Rossinis Grabmonument in der Kirche Santa Croce in Florenz wird am 23. Juni 1902 eingeweiht.

Zeugnisse

Allgemeine musikalische Zeitung (1820)
Der Tonsetzer hat sich in dieser Oper wieder unbarmherzig selbst bestohlen, aber das weiß man ja im voraus, und man vergibt es ihm umso lieber, da er so angenehm zu unterhalten versteht und Theatercoups mit Glück benutzt.[178]

Ludwig van Beethoven (anläßlich Rossinis Besuch 1822)
Ah, Sie sind Rossini, der Komponist des *Barbier von Sevilla*? Ich beglückwünsche Sie dazu; das ist eine ausgezeichnete komische Oper; ich habe sie mit Vergnügen gelesen und mich darüber gefreut. So lange es italienische Opernhäuser gibt, wird man sie spielen. Aber versuchen Sie nicht andere Dinge als komische Opern zu schreiben; in anderen Kunstgattungen Erfolge haben zu wollen, hieße Ihrem Schicksal Gewalt antun.[179]

E. T. A. Hoffmann
Man denke nur an Rossini und anderer seines Gelichters fratzenhafte Sprünge und Rouladen, an die holperichten Violinpassagen, an das widerwärtige Getriller, welches oft statt der Melodie dasteht und dann von Sängerinnen zum Überdruß abgegurgelt wird.[180]

Johann Wolfgang von Goethe
Ich habe... die Sache reiflich durchgedacht und, bey der genauesten Betrachtung des vorliegenden Gegenstandes, immer nur soviel einsehen können: die ungeheure Kluft, welche sonst die *opera buffa* und die hohe tragische Oper geschieden, sey durch eine so große Anzahl von Mittelgliedern nach und nach ausgefüllt worden, daß wohl niemand sich erkühnen dürfte, dazwischen irgend eine Gränze festzusetzen... [Erstere, aus den Intermezzi hervorgegangen,] nahm die Gestalt einer selbständigen Oper an, die aber jederzeit im gemeinen Leben blieb und von Schelmereyen und Absurditäten sich zu würzen pflegte, wie wir an den Arbeiten des Cimarosa und Paesiello die Beyspiele haben. Die französische *opéra comique*, wo uns Grétry zum Anhaltepunct dienen kann, geht schon in's Feenhafte, bemächtigt sich des Ritterwesens und ist dabey durchaus sentimental ...Nun stellt sich aber ein Genre wie das Rossinische der großen Oper ganz nah, behält nur wenig von dem frühern Possenhaften, geht aber alles ins Höhere hinüber, so daß hier schwer eine Gränze möchte zu finden seyn.[181]

Giuseppe Mazzini
Rossini ist ein Titan. Titan an Macht und Kühnheit. Rossini ist der Napoleon einer musikalischen Epoche. Rossini hat, wenn man es recht betrachtet, in der Musik das geleistet, was die Romantik in der Literatur geleistet hat. Er hat die musikalische Unabhängigkeit sanktioniert.[182]

Hector Berlioz
Rossini aber und der Fanatismus, welcher seit kurzer Zeit in der vornehmen Pariser Welt für ihn herrschte, erzürnten mich um so heftiger, als diese neue Schule den völligen Gegensatz zu derjenigen Glucks und Spontinis darstellte. Da ich nichts kannte, was sich an großartiger Schönheit und Wahrheit mit den Werken jener großen Meister messen konnte, brachten mich Rossinis melodischer Zynismus, seine Verachtung des dramatischen Ausdrucks und der dramatischen Forderungen, seine beständig wiederkehrende Kadenzform, sein ständiges kindisches Crescendo und seine brutale große Trommel in eine solche Wut, daß ich sogar in seinem überdies so fein instrumentierten Meisterwerk *Barbier von Sevilla* die glänzenden Eigenschaften seiner Begabung nicht zu erkennen vermochte. Ich habe mich oft gefragt, wie ich es anstellen müßte, um das Théâtre italien zu unterminieren und es mit seiner gesamten Rossinianer-Bevölkerung in die Luft zu sprengen.[183]

Honoré de Balzac (über *Mosè*)
Ihr alten deutschen Meister, Händel, Sebastian Bach und sogar du, Beethoven, auf die Knie! Hier spricht die Königin der Künste! Hier ist Italien, hier der Triumph![184]

Richard Wagner
Der ungemein geschickte Verfertiger *künstlicher* Blumen, die er aus Samt und Seide formte, mit täuschenden Farben bemalte, und deren trockenen Kelch er mit jenem Parfümsubstrat netzte, daß es aus ihm zu duften begann, wie fast aus einer wirklichen Blume; – dieser große Künstler war *Joachimo Rossini*.[185]

Robert Schumann
Allzu einseitig wäre es, alles Rossini'sche bei uns zu unterdrücken, wenn es nur einigermaßen im Verhältnis zur Aufmunterung deutscher Leistungen stände. Rossini ist der trefflichste Decorationsmaler, aber nehmet ihm die künstliche Beleuchtung und die verführende Theaterferne und sehet zu, was bleibt.[186]

Felix Mendelssohn Bartholdy
Denken Sie sich Rossini, der für Sebastian Bach schwärmt, und für die Deutsche Musik, und sich meine Melusine, Hebriden, etc. etc. vorspielen läßt; ein Schauspiel für Götter. (30. Juni 1836)[187]

Giacomo Meyerbeer
An den Jupiter Rossini. Göttlicher Meister! Ich kann den Tag nicht vorbeigehen lassen, ohne Ihnen nochmals für das riesige Vergnügen zu danken, das Sie mir dadurch verschafft haben, daß ich Ihre herrliche neue Schöpfung zweimal hören durfte. Der Himmel möge Sie bis zum 100. Jahr bewahren, damit Sie wieder so ein ähnliches Meisterwerk schaffen können, und Gott möge mir ein ähnliches Alter gewähren, damit ich diese neuen Aspekte Ihres unsterblichen Genies hören und bewundern kann! (Nach der *Petite Messe solennelle,* 15. März 1864)[188]

Giuseppe Verdi
Gewiß wird niemand Rossinis Genie bestreiten; nun gut, aber trotz all seines Genies entdeckt man im *Guillaume Tell* diese fatale Atmosphäre der *Opéra*, und manchmal, wenn auch sehr viel seltener als bei den anderen Autoren, spürt man, daß da ein Zuviel ist, dort ein Zuwenig, und daß der musikalische Ablauf nicht so frei und sicher ist wie im *Barbiere*.[189]

Georg Wilhelm Friedrich Hegel
Die Gegner verschreien namentlich Rossinis Musik als einen leeren Ohrenkitzel; lebt man sich aber näher in ihre Melodien hinein, so ist diese Musik im Gegenteil höchst gefühlvoll, geistreich und eindringend für Gemüt und Herz, wenn sie sich auch nicht auf die Art der Charakteristik einläßt, wie sie besonders dem strengen deutschen musikalischen Verstande beliebt. Denn nur allzu häufig freilich wird Rossini dem Text ungetreu und geht mit seinen freien Melodien über alle Berge, so daß man dann nur die Wahl hat, ob man bei dem Gegenstande bleiben und über die nicht mehr damit zusammenstimmende Musik unzufrieden sein oder den Inhalt aufgeben und sich ungehindert an den freien Eingebungen des Komponisten ergötzen und die Seele, die sie enthalten, seelenvoll genießen will.[190]

Arthur Schopenhauer
Sagen Sie Ihrem Freund Wagner in meinem Namen Dank für die Zusendung seiner Nibelungen, allein er sollte die Musik an den Nagel hängen, er hat mehr Genie zum Dichter! Ich, Schopenhauer, bleibe Rossini und Mozart treu![191]

Friedrich Nietzsche
Gleich Mozart, gleich Rossini: nur die überreichen Quellen springen und tanzen.[192]

Heinrich Heine
Rossini, divino Maestro, Helios von Italien, der du deine klingenden Strahlen über die Welt verbreitest! verzeih meinen armen Landsleuten ... die deine Tiefe nicht sehen, weil du sie mit Rosen bedeckst, und denen du nicht gedankenschwer und gründlich genug bist, weil du so leicht flatterst, so gottbeflügelt![193]

Werkverzeichnis (Auswahl)

Ausführliche Verzeichnisse bei HERBERT WEINSTOCK: Rossini. New York 1968 (deutsche Ausgabe Adliswill 1981) und PHILIP GOSSETT, Artikel «Rossini» in: The New Grove Dictionary of Music and Musicians. Band 16, London 1980

1. Opern

Die Gattungsbezeichnungen sind in den Quellen nicht einheitlich. Dem angegebenen Datum der Uraufführung geht in der Regel, wenn nicht anders vermerkt, die Komposition unmittelbar voraus. (Abkürzungen: Orch. = Orchester; UA = Uraufführung)

Demetrio e Polibio. Opera seria in zwei Akten. Libretto von Vincenza Viganò-Mombelli (nach Metastasio). Komponiert vor 1809, UA Rom (Teatro Valle) 18. Mai 1812

La cambiale di matrimonio (Der Heiratswechsel). Farsa comica in einem Akt. Libretto von Gaetano Rossi (nach einem Theaterstück von Camillo Federici, 1790). Venedig (Teatro San Mosè) 3. November 1810

L'equivoco stravagante (Das ungewöhnliche Mißverständnis). Dramma giocoso (Opera buffa) in zwei Akten. Libretto von Gaetano Gasparri. Bologna (Teatro del Corso) 26. Oktober 1811

L'inganno felice (Der glückliche Betrug). Farsa in einem Akt. Libretto von Giuseppe Foppa. Venedig (Teatro San Mosè) 8. Januar 1812

Ciro in Babilonia ossìa La caduta di Baldassare (Cyrus in Babylonien oder der Fall des Balthasar). Dramma con cori (Oratorio) in zwei Akten. Libretto von Francesco Aventi. Ferrara (Teatro Communale) 14. März 1812

La scala di seta (Die seidene Leiter). Farsa comica in einem Akt. Libretto von Giuseppe Foppa. Venedig (Teatro San Mosè) 9. Mai 1812

La pietra del paragone (Der Prüfstein – Die Liebesprobe). Melodramma giocoso (Opera buffa) in zwei Akten. Libretto von Luigi Romanelli. Mailand (Teatro alla Scala) 26. September 1812

L'occasione fa il ladro, ossìa Il cambio della valigia (Gelegenheit macht Diebe, oder Der verwechselte Koffer). Burletta per musica (Farsa) in einem Akt. Libretto von Luigi Prividali. Venedig (Teatro San Mosè) 24. November 1812

Il signor Bruschino, ossìa Il figlio per azzardo (Herr Bruschino oder Der Sohn aus Zufall). Farsa giocosa in einem Akt. Libretto von Giuseppe Foppa (nach der Komödie *Le fils par hasard* von A. de Chazet und E.-T. Maurice Ourry, 1809). Venedig (Teatro San Mosè) Ende Januar 1813

Tancredi (Tankred). Melodramma eroico (Opera seria) in zwei Akten. Libretto von Gaetano Rossi (nach Voltaires «Tancrède», 1760). Venedig (Teatro La Fenice) 6. Februar 1813

L'italiana in Algeri (Die Italienerin in Algier). Dramma giocoso in zwei Akten. Libretto von Angelo Anelli. Venedig (Teatro San Benedetto) 22. Mai 1813

Aureliano in Palmira. Opera seria (Dramma serio) in zwei Akten. Libretto von Gian Francesco Romanelli. Mailand (Teatro alla Scala) 26. Dezember 1813

Il turco in Italia (Der Türke in Italien). Dramma buffo (Opera buffa) in zwei Akten. Libretto von Felice Romani. Mailand (Teatro alla Scala) 14. August 1814

Sigismondo. Dramma (Opera seria) in zwei Akten. Libretto von Giuseppe Foppa. Venedig (Teatro La Fenice) 26. Dezember 1814

Elisabetta, regina d'Inghilterra (Elisabeth, Königin von England). Dramma in zwei Akten. Libretto von Giovanni Federico Schmidt. Neapel (Teatro San Carlo) 4. Oktober 1815

Torvaldo e Dorliska. Dramma semiserio in zwei Akten. Libretto von Cesare Sterbini. Rom (Teatro Valle) 26. Dezember 1815

Almaviva, ossia L'inutile precauzione, später *Il barbiere di Siviglia* (Almaviva oder Die nutzlose Vorsicht; später Der Barbier von Sevilla). Commedia (Opera buffa) in zwei Akten. Libretto von Cesare Sterbini (nach «Le barbier de Séville» von Beaumarchais, 1775). Rom (Teatro Argentina) 20. Februar 1816 (Faksimileausgabe des Autographs, hg. von ALBERTO ZEDDA, 2 Bände, Milano 1969)

La gazzetta (Die Zeitung). Dramma (Opera buffa) in zwei Akten. Libretto von Giuseppe Palomba und Andrea Leone Tottola (nach Goldonis «Il matrimonio per concorso», 1763). Neapel (Teatro dei Fiorentini) 26. September 1816

Otello, ossia Il moro di Venezia (Othello oder Der Mohr von Venedig). Dramma (Opera seria) in drei Akten. Libretto von Francesco Berio di Salsa (nach Shakespeares «Othello» und Motiven der Novellensammlung «Hecatommithi» des Giambattista Giraldi Cintio, 1565). Neapel (Teatro del Fondo) 4. Dezember 1816

La Cenerentola, ossia La bontà in trionfo (Aschenbrödel, oder Die triumphierende Güte). Dramma giocoso in zwei Akten. Libretto von Jacopo Ferretti (nach Charles Perraults «Cendrillon, ou La Petite Pantoufle», 1697 und den Libretti von Charles-Guillaume Étienne für Niccolò Isouards «Cendrillon», 1810, und Felice Romani für Stefano Pavesis «Agatina, o La virtù premiata», 1814). Rom (Teatro Valle) 25. Januar 1817 (Faksimile des Autographs, hg. von PHILIP GOSSETT. Bologna 1969)

La gazza ladra (Die diebische Elster). Melodramma (Opera semiseria) in zwei Akten. Libretto von Giovanni Gherardini (nach «La pie voleuse» von Jean-Marie-Théodore Boudoin d'Aubigny und Louis-Charles Caigniez). Mailand (Teatro alla Scala) 31. Mai 1817

Armida. Dramma (Opera seria) in drei Akten. Libretto von Giovanni Federico Schmidt (nach Tassos «Gerusalemme liberata»). Neapel (Teatro San Carlo) 11. November 1817

Adelaide di Borgogna, ossia Ottone, re d'Italia (Adelaide von Burgund, oder Ottone, König von Italien). Dramma in zwei Akten. Libretto von Giovanni Federico Schmidt. Rom (Teatro Argentina) 27. Dezember 1817

Mosè in Egitto (Moses in Ägypten). Azione tragico-sacra (Oratorio) in drei Akten. Libretto von Andrea Leone Tottola. Neapel (Teatro San Carlo) 5. März 1818

Adina, o Il califfo di Bagdad (Adina, oder der Kalif von Bagdad). Farsa in einem Akt. Libretto von Gherardo Bevilacqua-Aldobrandini. Komponiert 1818. UA Lissabon (Teatro de San Carlos) 22. Juni 1826

Ricciardo e Zoraide. Dramma (Opera seria, auch Opera semiseria) in zwei Akten. Libretto von Francesco Berio di Salsa. Neapel (Teatro San Carlo) 3. Dezember 1818

Ermione. Azione tragica in zwei Akten. Libretto von Andrea Leone Tottola (nach Racines «Andromaque», 1667). Neapel (Teatro San Carlo) 27. März 1819

Eduardo e Cristina. Dramma in zwei Akten. Libretto von Giovanni Federico Schmidt. Überarbeitung durch Andrea Leone Tottola und Gherardo Bevilacqua-Aldobrandini. Venedig (Teatro San Benedetto) 24. April 1819

La donna del lago (Das Fräulein vom See). Melodramma (Opera seria) in zwei Akten. Libretto von Andrea Leone Tottola (nach Sir Walter Scotts «The Lady of the Lake», 1810). Neapel (Teatro San Carlo) 24. Oktober 1819

Bianca e Falliero, ossìa Il consiglio dei tre (Bianca und Falliero, oder Der Rat der Drei). Melodramma (Opera seria) in zwei Akten. Libretto von Felice Romani. Mailand (Teatro alla Scala) 26. Dezember 1819

Maometto II. Dramma (Opera seria) in zwei Akten. Libretto von Cesare della Valle (nach Voltaires Tragödie «Mahomet, ou Le Fantisme», 1741). Neapel (Teatro San Carlo) 3. Dezember 1820

Mathilde (di) Shabran, ossìa Bellezza e cuor di ferro (Mathilde von Shabran, oder Schönheit und Eisernes Herz). Melodramma giocoso (auch Opera semiseria) in zwei Akten. Libretto von Jacopo Ferretti. Rom (Teatro Apollo) 24. Februar 1821

Zelmira. Dramma (Opera seria) in zwei Akten. Libretto von Andrea Leone Tottola (nach «Zelmire» von Dormont de Belloy, 1762). Neapel (Teatro San Carlo) 16. Februar 1822 (Faksimile des Autographs, hg. von MARIO PARENTI. 3 Bände. Milano 1965)

Semiramide (Semiramis). Melodramma tragico (Opera seria) in zwei Akten. Libretto von Gaetano Rossi (nach Voltaires «Sémiramide», 1748). Venedig (Teatro La Fenice) 3. Februar 1823

Il viaggio a Reims, ossìa L'albergo del giglio d'oro (Die Reise nach Reims, oder Das Hotel zur Goldenen Lilie). Cantata scenica (Dramma giocoso) in zwei Akten. Libretto von Luigi Balocchi. Paris (Théâtre italien) 19. Juni 1825

Le siège de Corinthe (Die Belagerung von Korinth). Grand opéra (Tragédie lyrique) in drei Akten. Libretto von Luigi Balocchi und Alexandre Soumet (Bearbeitung von *Maometto II*, 1820). Paris (Opéra) 9. Oktober 1826

Moïse et Pharaon, ou Le passage de la Mer Rouge (Moses und Pharao, oder Der Zug durchs Rote Meer). Grand opéra in vier Akten. Libretto von Luigi Balocchi und Étienne de Jouy (nach *Mosè in Egitto*, 1818). Paris (Opéra) 26. März 1827. Nach der Rückübersetzung dieser Fassung ins Italienische wurde die Oper als *Il Mosè nuovo* oder einfach *Mosè* gespielt.

Le Comte Ory (Der Graf Ory). Opéra-comique in zwei Akten. Libretto von Eugène Scribe und Charles-Gaspard Delestre-Poirson (nach deren eigenem Theaterstück, 1817). Paris (Opéra) 20. August 1828

Guillaume Tell (Wilhelm Tell). Grand opéra in vier Akten. Libretto von Étienne de Jouy, Hippolyte-Louis-Florent Bis, Armand Marrast und Adolphe Crémieux (nach Schillers «Wilhelm Tell», 1804). Paris (Opéra) 3. August 1829

2. Kirchenmusik

Teile einer *Messe* (komponiert von Schülern des Liceo Musicale). Bologna 1808

Messe für Tenor, Baß, Männerchor und Orch. Ravenna 1808

Messe für Soli und Orch. Rimini 1809

Messa di gloria für Soli, Chor und Orch. Neapel, San Ferdinando 24. März 1820

Stabat mater für Soli, Chor und Orch. 1832, Aufführung der fragmentarischen Fassung (mit Teilen von Giuseppe Tadolini) Madrid, Karfreitag 1833. UA der komplettierten Fassung Paris 1841

Trois chœurs religieux für Frauenstimmen und Klavier (*La foi, L'espérance, La charité*). Paris 1844

Tantum ergo für zwei Tenöre, Baß und Orch. Bologna 1847

Petite Messe solennelle für vier Solostimmen, achtstimmigen Chor, zwei Klaviere und Harmonium. Paris 1864. Fassung mit Orchesterbegleitung 1867

3. Weltliche Vokalmusik mit Chor

Il pianto d'Armonia sulla morte di Orfeo. Kantate für Tenor, Chor und Orch. Bologna 1808

La morte di Didone. Kantate für Sopran, Chor und Orch. Venedig 1811

Dalle quete e pallid'ombre. Kantate für Sopran, Baß und Klavier. Venedig 1812

Egle ed Irene. Kantate für Sopran, Alt und Klavier. Mailand 1814

L'Aurora. Kantate für Alt, Tenor, Baß und Klavier. Rom 1815

Inno dell'Independenza (*Sorgi, Italia, venuta è già l'ora*). Text von Giuseppe Giusti, Chorhymne. Bologna 1815

Le nozze di Teti e di Peleo, azione coreodrammatica. Kantate für drei Soprane, zwei Tenöre, Chor und Orch. Neapel 1816

Edipo a Colono. Schauspielmusik für «Ödipus auf Kolonos» von Sophokles (übersetzt von Giovanni Battista Giusti) für Baß, Chor und Orch. Bologna (?) vor 1817

Omaggio umiliato. Kantate für Sopran, Chor und Orch. Neapel 1819

Cantata zum Besuch Franz' I. für Sopran, zwei Tenöre, Chor und Orch. Neapel 1819

La riconoscenza. Kantate für Soli, Chor und Orch. Neapel 1821

Giunone. Kantate für Sopran, Chor und Orch. Neapel vor 1822

La Santa Alleanza. Kantate für zwei Bässe, Chor und Orch. Verona 1822

Il vero omaggio. Kantate für Sopran, zwei Tenöre, Baß, Chor und Orch. Verona 1822

Omaggio pastorale. Kantate für drei Frauenstimmen und Orch. Treviso 1823

Il pianto delle muse in morte di Lord Byron. Kantate für Tenor, Chor und Orch. London 1824

De l'Italie et de la France. Kantate für Sopran, Baß, Chor und Orch. Paris 1825

L'armonia cetra del nume. Kantate für Soli, Chor und Orch. Bologna 1830

Santo Genio dell'Italia terra. Kantate zum 300. Geburtstag von Torquato Tasso für Chor und Orch. Turin 1844

Cantata in onore del Sommo Pontefice Pio IX für Soli, Chor und Orch. Rom 1847

Inno alla pace für Bariton, Männerchor und Klavier. Florenz 1850

Giovanna d'Arco. Kantate für Sopran und Klavier. Paris 1832, revidierte Fassung 1852

Dieu tout puissant. Hymnus für Bariton, Chor und Orch. Paris 1867

Hymne à Napoléon III et à son Vaillant Peuple für Bariton, Chor und Orch. und Militärkapelle. Paris 1867

4. Solistische Vokalmusik (außer *Péchés de vieillesse*)

Zwischen 1801 und 1856 schrieb Rossini über 50 Vokalkompositionen für Solostimme oder kleine solistische Besetzung mit Klavierbegleitung, darunter *Les soirées musicales* (Paris ca. 1830–35: *La promessa, Il rimprovero, La partenza, L'orgia, L'invito, La pastorella dell'alpi, La gita in gondola, La danza, La regatta veneziana, La pesca, La serenata, Li marinari*). Ungezählte Vertonungen des Gedichts «Mi lagnerò tacendo» von Pietro Metastasio entstanden als Gelegenheitskompositionen (Albumblätter). Das populäre *Duetto buffo di due gatti* («Katzenduett» auf den ausschließlichen Text «Miau») wurde Rossini fälschlicherweise zugeschrieben, enthält aber Stücke aus seinen Opern (u. a. *Otello*).

5. Instrumentalmusik (außer *Péchés de vieillesse*)

Sei sonate a quattro für zwei Violinen, Violoncello und Kontrabaß, Ravenna 1804
Sinfonia «al conventello» D-Dur für Orch., um 1806
5 Duette für zwei Hörner, um 1806
Sinfonia D-Dur für Orch., 1808
Sinfonia Es-Dur für Orch., 1809
Sinfonia «obbligata a contrabasso» D-Dur für Orch., 1807–10
Variazioni a più istrumenti obbligati F-Dur für Klarinette und Streichquartett, 1809
Variazioni C-Dur für Klarinette und Orch., 1809
Andante e Tema von variazioni F-Dur für Flöte, Klarinette, Horn und Fagott, 1812
Andante e Tema con variazioni F-Dur für Harfe und Violine (über *Di tanti palpiti*
    aus *Tancredi*), Neapel um 1820
Passo doppio für Militärkapelle, 1822 (verschollen, aber in der Ouvertüre zu *Guil-*
    laume Tell wiederverwendet)
Walzer für Klavier Es-Dur, Venedig 1823
Serenata Es-Dur für Flöte, Oboe, Englischhorn und Streichquartett, Paris 1823
Duetto D-Dur für Violoncello und Kontrabaß, London 1824
Rendez-vous de chasse D-Dur für vier Hörner und Orch., Paris 1828
Fantasie Es-Dur für Klarinette und Klavier, Paris 1829
Drei Märsche für Militärkapelle, Fontainebleau 1837
Scherzo für Klavier a-Moll, 1843
Marcia für Militärkapelle C-Dur, 1852
La corona d'Italia Es-Dur für Militärkapelle, Paris 1868

6. Péchés de vieillesse (1857–68)

Band 1 *Album italiano*: Zwölf Gesänge für eine oder mehrere Stimmen mit Klavier
Band 2 *Album français*: Elf Gesänge für eine oder mehrere Stimmen mit Klavier
    (Nr. 6 mit Klavier und Harmonium), Nr. 12: *Chœur de chasseurs démocrates* für
    Männerchor, Tamtam und zwei Trommeln
Band 3 *Morceaux réservés*: Zwölf Gesänge für eine oder mehrere Stimmen mit
    Klavier; darunter Stücke auch mit Klavier und Harmonium, reine Chorsätze
    und ein Trauergesang für Männerchor mit Trommeln
Band 4–8 (alle für Klavier solo) wurden zusammengestellt unter dem Titel *Un peu
    de tout. Receuil de 56 morceaux sémicomiques pour le piano*
Band 4: A) *Les Hors d'œuvres*: 1. *Les Radis*, 2. *Les Anchois*, 3. *Les Cornichons*,
    4. *Le Beurre* – B) *Les Quatres Mendiants*: 1. *Les Figues sèches*, 2. *Les Amandes*
    (*Minuit sonne – bon soir, Madame*), 3. *Les Noisettes* (*A ma chère Nini – Pensée
    d'amour à ma chienne*), 4. *Les Raisins* (*A ma petite perruche…*)
Band 5: 1. *Gymnastique d'écartement*, 2. *Prélude fugassé*, 3. *Petite Polka chinoise*,
    4. *Petite Valse de boudoir*, 5. *Prélude inoffensif*, 6. *Petite Valse: L'Huile de ricin*,
    7. *Un Profond Sommeil – Un Reveil en sursaut*, 8. *Plein-chant chinois* (*scherzo*),
    9. *Un Cauchemar*, 10. *Valse boîteuse*, 11. *Une Pensée à Florence*, 12. *Marche*
Band 6 *Album pour les enfants adolescents*: 1. *Première communion* (*andantino
    religioso*), 2. *Thème naïf et variations*, 3. *Saltarello à l'italienne*, 4. *Prélude mores-
    que*, 5. *Valse lugubre*, 6. *Impromptu anodin*, 7. *L'innocence italienne suite de la
    candeur français*, 8. *Prélude convulsif*, 9. *La Lagune de Venise à l'expiration de
    l'année 1861!!!!*, 10. *Ouf! Les Petits Pois*, 11. *Un Sauté*, 12. *Hachis romantique*
Band VII *Album des enfants dégourdis*: 1. *Mon Prélude hygiénique du matin*,
    2. *Prélude baroque*, 3. *Memento Homo*, 4. *Assez de memento; dansons*, 5. *La
    Pésarèse*, 6. *Valse torturée*, 7. *Une Caresse à ma femme*, 8. *Barcarolle*, 9. *Un Petit
    Train de plaisir* (*comico-imitatif*), 10. *Fausse Couche de polka-maturka*,
    11. *Étude astmatique*, 12. *Un Enterrement en carnaval*

Band VIII *Album de château*: 1. *Spécimen de l'ancien régime*, 2. *Prélude pétulant-rococo*, 3. *Un Regret, un espoir*, 4. *Boléro tartare*, 5. *Prélude prétentieux*, 6. *Spécimen de mon temps*, 7. *Valse antidansante*, 8. *Prélude semi-pastoral*, 9. *Tarantelle pur sang*, 10. *Un Rêve*, 11. *Prélude soi-disant dramatique*, 12. *Spécimen de l'avenir*

Band IX *Album pour piano, violon, violoncelle, harmonium et cor*: 1. *Mélodie candide* (Klavier), 2. *La Savoie amante* (Klavier), 3. *Chansonette* (Klavier), 4. *Un Mot à Paganini (élégie pour violon)*, 5. *Impromptu tarantellisé* (Klavier), 6. *Échantillon du Chant de Noël à l'italienne* (Klavier), 7. *Marche et réminiscences pour mon dernier voyage* (Klavier), 8. *Prélude, thème et variations pour cor*, 9. *Prélude italien* (Klavier), 10. *Une Larme (thème et variations pour violoncelle)*, 11. *Échantillon de blague mélodique* (Klavier), 12. *Petite Fanfare* (Klavier zu vier Händen)

Band X *Miscellanée, pour piano*: 1. *Prélude blageur de bon train-train*, 2. *Des Tritons, s'il vous plait (montée-descente)*, 3. *Une Petite Pensée*, 4. *Une Bagatelle*, 5. *Une Bagatelle (in Nomine Patris – mélodie italienne)*, 6. *Petite Caprice (style Offenbach), allegretto grotesco*

Band XI *Miscellanée de musique vocale*: 1. *Ariette villageoise*, 2. *Chanson du bébé*, 3. *Amour sans espoir (tiranne à l'espagnole rossinisée)*, 4. *Requiem (à ma belle mère)*, 5. *O salutaris... de champagne*, 6. *Aragnonese*, 7. *Arietta all'antica*, 8. *Il Candore in fuga*, 9. *Motetto a Maria Santissima Annunziata*, 10. *Grande Scena: Giovanni d'arco* (Bearbeitung der Solokantate von 1832 mit Streicherbegleitung)

Band XII *Quelques Riens pour album*: 24 kurze Stücke, darunter *Danse sibérienne*, *Un Rien dur le mode enharmonique*

Band XIII *Musique anodine*: *Prélude* und sechs Vertonungen von *Mi lagnerò tacendo* (Text von Pietro Metastasio) für verschiedene Stimmen und Klavier

Band XIV *Compositions diverses et esquisses*: 16 teils fragmentarische Stücke verschiedener Besetzung, darunter *Ritournelle gothique*, *Encore un peu de blague*, *Tourniquet sur la gamme chromatique ascendante et descendante* für Klavier

Bibliographie (Auswahl)

Kurztitel:

Analecta = Analecta musicologica. Veröffentlichungen der Musikgeschichtlichen Abteilung des Deutschen Historischen Instituts in Rom. 1963 ff (Band 1–11 Köln/Wien, Band 12–22 Köln/Laaber, ab Band 23 Laaber)

Bollettino = Bollettino del centro Rossiniano di studi, a cura della Fondazione Rossini Pesaro. Pesaro 1955 ff (erscheint in einzelnen numerierten Lieferungen zu einem Jahrgangsband zusammengefaßt)

Quaderni = Quaderni Rossiniani, hg. von der Fondazione Rossini. Pesaro 1954 ff

Rognoni = Luigi Rognoni: Gioacchino Rossini, Turin 1968, [2]1981

Quellenschriften und biographische Zeugnisse

Camosci, Arnaldo: Gioacchino Rossini dai ritratti e dalle scritture. Cagli 1985

Albarelli, G.: L'infanzia di G. Rossini. In: Bollettino III, 1957/58, S. 103–106, IV 1958/59, S. 6–9 und S. 28–31

Gossett, Philip: Le fonti autografe delle opere teatrali di Rossini. In: Nuova Rivista Musicale Italiana, II, 1968, S. 936 ff

Hiller, Ferdinand: Plaudereien mit Rossini (1856), in: Aus dem Tonleben unserer Zeit. 2. Band. Leipzig 1868, S. 1–84

Istel, Edgar: Rossiniana II. Wagners Besuch bei Rossini in: Die Musik XI, 1911/12 (März 1912), S. 259–277 und S. 342–355 (Kommentierte Übersetzung von Édmonde Michotte, s. u.)

Lippmann, Friedrich: Autographe Briefe Rossinis und Donizettis in der Bibliothek Massimo, Rom. In: Analecta 19, S. 330 ff

Mazzatinti, G.: Lettere inedite e rare di G. Rossini. Imola 1892. Revidierte Ausgabe siehe Rossini

Michotte, Édmonde: Souvenirs personnels, La visite de R. Wagner à Rossini. Paris 1860. Détails inédits et commentaires. Paris 1906

Monaldi, Guido: Gioacchino Rossini nell'arte, nella vita, negli anedotti. Mailand 1936

Radiciotti, Giuseppe: Aneddoti Rossiniani autentici. Rom 1929

Rossini, Gioacchino: Lettere (hg. von G. Mazzatinti sowie F. und G. Manis). Florenz 1902, Neudruck (Vorwort von Massimo Mila) Florenz o. J.

Rossini, Gioacchino: Ausgewählte Briefe (übersetzt und hg. von W. Klefisch). Berlin–Wien–Leipzig 1947

Schlitzer, Franco: Rossiniana. Contributo all'epistolario di G. Rossini (Quaderni dell'Accademia Chigiana XXXV). Siena 1965

Rossini, Gioacchino: Ausgewählte Briefe (mit einer biographischen Skizze von Joseph Marx). Berlin–Wien–Leipzig 1947

Zanolini, Antonio: Una passeggiata in compagnia di Rossini, in: Biografia di Gioacchino Rossini. Paris 1836. Nachdruck in Rognoni, S. 375–381

Gesamtdarstellungen zu Leben und Werk Rossinis

Azevedo, A.: G. Rossini – sa vie et ses œuvres. Paris 1864

Bacchelli, Riccardo: Vita di Rossini. Torino 1941, Neuauflage Florenz 1987

Bonaccorsi, Alfredo: Gioacchino Rossini. Florenz 1968

Bonaventura, Arnoldo: Rossini. Florenz 1934

Carpani, Giuseppe: Le Rossiniane ossia lettere musico-teatrali. Padua 1824. Neudruck Bologna 1969

D'Amico, Fedele: L'opera teatrale di Gioacchino Rossini. Rom 1974

De Curzon, Henri: Rossini. Paris 1930

Derwent, Lord (J. G. H. Johnstone): Rossini and some forgotten Nightingales. London 1934

Fraccaroli, Arnaldo: Rossini. Mailand 1941

Harding, James: Rossini. London 1971

Kohut, Adolph: Rossini. Leipzig 1892

Lancelotti, Arturo: Gioacchino Rossini. Rom 1942

Osborne, Richard: Rossini. London & Melbourne 1986. Deutsch: Rossini. Leben und Werk (übersetzt von Grete Wehmeyer). München 1988

Pfister, Kurt: Das Leben Rossinis. O. O. (Detmold) 1948

Radiciotti, Giuseppe: Gioacchino Rossini. 3 Bände, Tivoli 1927–29

Rognoni, Luigi: Gioacchino Rossini. Turin 1956, ^{2}1981

Roncaglia, Gino: Rossini l'olimpico. Mailand 1946

Stendhal (Henri Beyle): La vie de Rossini. Paris 1824. Erste deutsche Fassung siehe Amadeus Wendt. Deutsche Neuausgabe: Rossini (übersetzt von Barbara Brumm). Frankfurt a. M. 1988

Till, Nicholas: Rossini, his Life and Times. New York 1983

Toye, Francis: Rossini. A Study in Tragi-Comedy. London 1934. Nachdruck New York 1963. Ital.: Rossini. Mailand 1959

Weinstock, Herbert: Rossini. New York 1968. Deutsche Ausgabe von Kurt Michaelis, Adliswil 1981

Wendt, Amadeus: Rossinis Leben und Treiben, vornehmlich nach den Nachrichten des Herrn v. Stendhal geschildert und mit Urteilen der Zeitgenossen über seinen musikalischen Charakter begleitet. Leipzig 1824

Zanetti, Roberto: Gioacchino Rossini. Mailand 1971

Einzelne Studien zu Leben und Werk Rossinis

Cagli, Bruno: Le fonti letterarie dei libretti di Rossini, in: Bollettino 1972, Nr. 1, S. 8ff und Nr. 2, S. 10ff

Cagli, Bruno, Gosset, Philip und Zedda, Alberto: Criteri per l'edizione critica delle opere di Gioacchino Rossini, in: Bollettino 1974, Nr. 1, S. 7–34

FALLER, H.: Die Gesangskoloratur in Rossinis Opern und ihre Ausführung. Berlin 1935

GERHARD, ANSELM: «Sortire dalle vie comuni» – Wie Rossini einem Akademiker den Guillaume Tell verdarb. In: Oper als Text. Romanistische Beiträge zur Libretto-Forschung. Heidelberg 1986, S. 185–219

GERHARD, ANSELM: Incantesimo o specchio dei costumi, in: Bollettino 1987, Nr. 1–3, S. 45–91

GOSSETT, PHILIP: Rossini in Naples: Some Major Works Recovered. In: The Musical Quarterly LIV, 1968, S. 316 ff

GOSSETT, PHILIP: The Operas of Rossini: Problems of Textual Criticism in Nineteenth-century Operas. Diss. Princeton University 1970

GOSSETT, PHILIP: The Tragic Finale of Rossini's Tancredi. Pesaro 1977

HANSLICK, EDUARD: Ein Besuch bei Rossini (Musikalische Erinnerungen aus Paris 1860), in: Geschichte des Concertwesens in Wien. 2. Band: Aus dem Concertsaal. Kritiken und Schilderungen. Wien 1870, S. 475–479 und: Rossini (Musikalische Briefe aus Paris, 1864), ebenda, S. 525–530

HENZE-DÖRING, SABINE: La «natura» nelle opere di Rossini. In: Bollettino 1983, Nr. 1–3, S. 113–123

ISTEL, EDGAR: Rossiniana I: In Rossinis Heimat, in: Die Musik X, 1910/11, 4. Quartalsband, S. 3–26

JOHNSON, JANET: A Lost Rossini Opera Recovered: Il Viaggio a Reims, in: Bollettino 1984, Nr. 1–3, S. 7–57

KUNZE, STEFAN: Die Opera seria und ihr Zeitalter. In: Analecta 25 (Colloquium «Johann Adolf Hasse und die Musik seiner Zeit», Siena 1983), S. 1–15

KUNZE, STEFAN: Ironie des Klassizismus. Aspekte des Umbruchs in der musikalischen Komödie um 1800. In: Analecta 21 (Colloquium «Die stilistische Entwicklung der italienischen Musik zwischen 1770 und 1830 und ihre Beziehungen zum Norden», Rom 1978), S. 72–99

LIPPMANN, FRIEDRICH: Artikel «Rossini», in: Die Musik in Geschichte und Gegenwart. Band 11, 1963, Sp. 948–973

LIPPMANN, FRIEDRICH: Rossinis Gedanken über die Musik, in: Die Musikforschung 1969, S. 285–298

LIPPMANN, FRIEDRICH: Zur «italianità» der italienischen Oper im 19. Jahrhundert. In: HEINZ BECKER (Hg.): Die «Couleur locale» in der Oper des 19. Jahrhunderts. Regensburg 1976, S. 229–256

LIPPMANN, FRIEDRICH: Der italienische Vers und der musikalische Rhythmus. Zum Verhältnis von Vers und Musik in der italienischen Oper des 19. Jahrhunderts, mit einem Rückblick auf die 2. Hälfte des 18. Jahrhunderts. Drei Teile. In: Analecta 12, S. 253–369; 14, S. 324–410 und 15, 298–333

LIPPMANN, FRIEDRICH: Rossini – und kein Ende. In: Studi musicali X, 1981, Nr. 1, S. 279–291

LOEWENBERG, ALFRED: Paisiello's and Rossini's «Barbiere di Siviglia». In: Music and Letters XX, 1939, S. 157–167

LOSCHELDER, JOSEF: Rossinis Bild und Zerrbild in der Allgemeinen Musikalischen Zeitung Leipzig, in: Bollettino 1973, Nr. 1, S. 23–42 und 2, S. 23–42

MAGNICO, CARLO: Rossini e Wagner o la musica italiana e la musica tedesca. Turin 1877. Deutsch: Rossini und Wagner. Wien 1879

PESTALOZZA, LUIGI: Rossini. In: Il Verri Nr. 37, Mailand o. J., S. 22–51

152

Petazzi, Paolo: Aspetti dell'ultima produzione di Rossini. In: Bollettino 1970, Nr. 1, S. 1–60

Petrobelli, Pierluigi: Balzac, Stendhal, e il «Mosè» di Rossini. In: Conservatorio di musica G. B. Martini di Bologna. Annuario 1965–70; Bologna 1971, S. 205 ff. Englisch in: The Barber of Seville/Moses (Opera Guide Series 36). London–New York 1985, S. 99–108

Prinz, Ulrich (Hg.): Messa per Rossini. Geschichte, Quellen, Musik (Internationale Buchakademie Stuttgart, Schriftenreihe Band 1). Stuttgart 1988

Righetti-Giorgi, Geltrude: Cenni di una donna già cantate sopra il Maestro Rossini... (1822). In: Rognoni, S. 341–372

Rossiniana (a cura del R. Conservatorio «G. B. Martini»). Bologna 1942

Scherliess, Volker: Il Barbiere di Siviglia: Paisiello und Rossini. In: Analecta 21 (Colloquium «Die stilistische Entwicklung der italienischen Musik zwischen 1770 und 1830 und ihre Beziehungen zum Norden», Rom 1978), S. 100–127

Sittard, Josef: Gioacchimo [sic!] Antonio Rossini. In: Sammlung musikalischer Vorträge, hg. von Paul Graf Waldersee. Leipzig 1882, S. 385–433

Zanolini, Antonio: Biografia di Gioacchino Rossini. Paris 1836. Ital. Ausgabe Bologna 1879

Zedda, Alberto: Appunti per una lettura filologica del «Barbiere». In: L'Opera Band II. Mailand 1966, S. 13 ff

Zedda, Alberto: Problemi testuali della Cenerentola, in: Bollettino 1971, Nr. 1–3, S. 29–51

Zur Operngeschichte allgemein

Brand-Seltei, Erna: Belcanto. Eine Kulturgeschichte der Gesangskunst. Wilhelmshaven 1972

Celletti, Rodolfo: Storia del belcanto. Fiesole 1983. Deutsch: Geschichte des Belcanto. Kassel 1989

Dahlhaus, Carl: Die Musik des 19. Jahrhunderts (Neues Handbuch der Musikwissenschaft Band 6). Wiesbaden/Laaber 1980

Haefliger, Ernst: Die Singstimme. Bern–Stuttgart 1983

Kesting, Jürgen: Die großen Sänger. 3 Bände. Düsseldorf 1986

Osthoff, Wolfgang: Die Opera buffa. In: Gattungen der Musik in Einzeldarstellungen (Gedenkschrift Leo Schrade, 1. Folge). Bern, München 1973, S. 678–743

Serafin, Tullio, und Toni, Alceo: Stile, tradizioni e convenzioni del melodramma italiano del settecento e dell'ottocento. Band 1. Mailand 1958

Strohm, Reinhard: Die italienische Oper im 18. Jahrhundert (Taschenbücher zur Musikwissenschaft 25). Wilhelmshaven 1979 (mit systematisch aufgeschlüsselter Bibliographie zur älteren Oper)

Wolff, Hellmuth Christian: Oper – Szene und Darstellung von 1600–1900 (Musikgeschichte in Bildern IV, 1). Leipzig 1968

Rossinis Musik auf Schallplatten

Wer sich eingehend über Schallplattenaufnahmen von Werken Rossinis informieren will, findet eine gute Übersicht (Liste und Kommentar) bei Maurizio Modugno: Discografia Rossiniana. In: Bollettino del Centro Rossiniano di Studi, Nr. 1–3 1982, S. 55–100 und Nr. 1–3 1984, S. 53–126. In zwei älteren deutschsprachigen Publikationen sind Opern-Gesamtaufnahmen verzeichnet, und zwar im Katalog «Opern auf Schallplatten 1900–1962» (herausgegeben von Irmgard Bontinck-Küffel, Wien 1974) elf Werke in 23 Aufnahmen, im «Handlexikon Opern auf Schallplatten» von Karl Löbl und Robert Werba (Düsseldorf 1983) bereits 19 Werke in 60 Einspielungen, darunter allein zweiundzwanzigmal der *Barbiere di Siviglia*. Solche Zahlen sind ein deutlicher Ausdruck der Rossini-Renaissance in jüngster Zeit, und ein Blick in die Verkaufskataloge der Schallplattenindustrie bestätigt die Tendenz: Mittlerweile liegen die meisten Opern Rossinis auf Platte oder Compact Disc vor, einige in mehreren Aufnahmen (der *Barbiere* gar in über 40). Freilich werden für die neu hinzukommenden Produktionen viele ältere, oftmals künstlerisch besonders wertvolle, aus dem Angebot im Handel gestrichen; umgekehrt erscheinen manche historische Aufnahmen auf Compact Disc wieder neu. Es kann daher im folgenden nicht um eine wirkliche Diskographie, sondern nur um den Hinweis auf einzelne (aus der Sicht des Verfassers besonders empfehlenswerte) Gesamtaufnahmen von Opern gehen. Was die anderen Vokal- und die Instrumentalwerke betrifft, so waren von *Soirées musicales*, *Stabat mater* und *Petite Messe solennelle* einige, von manchen Ouvertüren zahlreiche Einspielungen vorhanden; viele waren aber jahrzehntelang auf Schallplatten überhaupt nicht greifbar. Auch hier hat sich die Situation gewandelt, so daß heute aus einem kaum mehr zu überblickenden Angebot ebenfalls nur ein paar Empfehlungen gegeben werden können.

Opern-Gesamtaufnahmen
(Sänger / Dirigent – Orchester)

La cambiale di matrimonio. Renata Scotto, Nicola Monti, Renato Capecchi, Rolando Panerai / Renato Fasano – I Virtuosi di Roma 1960

L'inganno felice. Emilia Cundari. Fernando Jacopucci, Paolo Montarsolo / Carlo Franci – Orchestra da Camera Alessandro Scarlatti di Napoli 1963

La scala di seta. Graziella Sciutti, Fernando Jacopucci, Boris Carmeli / Franco Ferrara – Orchestra della RAI Rom 1962

La pietra del paragone. Beverly Wolff, Elaine Bonazzi, José Carreras / Newell Jenkins – Clarion Concerts Orchestra 1972

L'occasione fa il ladro. Gianna Russo, Giuseppina Salvi, Pietro Besma/Giuseppe Morelli – Orchestra della Società del Quartetto Rom 1953

Il signor Bruschino. Renato Capecchi, Elda Ribetti, Ivo Vinco/Ennio Gerelli – Orchestra Filarmonica di Milano 1954

Tancredi. Marilyn Horne, Lella Cuberli, Nicola Zaccaria/Ralf Weikert – Orchestra del Teatro La Fenice Venedig 1985

L'italiana in Algeri. Giulietta Simionato, Cesare Valletti, Mario Petri/Carlo Maria Giulini – Orchestra del Teatro alla Scala Milano 1954; Lucia Valentini Terrani, Ugo Benelli, Sesto Bruscantini/Gary Bertini – Staatskapelle Dresden 1979

Il turco in Italia. Maria Callas, Nicolai Gedda, Nicola Rossi-Lemeni/Gianandrea Gavazzeni – Orchestra del Teatro alla Scala Milano 1954

Elisabetta, regina d'Inghilterra. Montserrat Caballé, José Carreras, Ugo Benelli/Gianfranco Masini – London Symphony Orchestra 1976

Il barbiere di Siviglia. Tito Gobbi, Maria Callas, Luigi Alva/Alceo Galliera – Philharmonia Orchestra London 1957; Hermann Prey, Teresa Berganza, Luigi Alva/Claudio Abbado – London Symphony Orchestra 1971; Thomas Allen, Agnes Baltsa, Francisco Araiza/Neville Marriner – Academy of St. Martin-in-the-Fields 1983. Besonders empfohlen sei die (auf CD verfügbare) erste Gesamtaufnahme: Riccardo Stracciari, Mercedes Capsir, Dino Borgioli/Lorenzo Molajoli – Orchestra del Teatro alla Scala Milano 1929

La gazzetta. Italo Tajo, Angelina Tuccari, Carlo Cava/Franco Caracciolo – Orchestra da Camera Alessandro Scarlatti di Napoli 1960

Otello. José Carreras, Frederica von Stade, Samuel Ramey/Jesús López Cobos – Philharmonia Orchestra London 1979

La Cenerentola. Teresa Berganza, Luigi Alva, Renato Capecchi/Claudio Abbado – London Symphony Orchestra 1971

La gazza ladra. Francesco Signor, Nucci Condo, Fernando Villabella/Alberto Zedda – Royal Philharmonic Orchestra London 1979

Armida. Maria Callas, Francesco Albanese, Gianni Raimondi/Tullio Serafin – Orchestra del Maggio Musicale Fiorentino 1952

Adelaide di Borgogna. Martine Dupuy, Mariella Devia, Armando Caforio/Alberto Zedda – Orchestra del Festival di Martina Franco 1984

Mosè in Egitto. Ruggero Raimondi, Sandra Browne, June Anderson/Claudio Scimone – Philharmonia Orchestra London 1982

Ermione. Cecilia Gasdia, Margarita Zimmermann, Chris Merritt/Claudio Scimone – Orchestre Philharmonique de Monte-Carlo 1988

La donna del lago. Katia Ricciarelli, Lucia Valentini Terrani, Dalmacio Gonzales, Samuel Ramey/Maurizio Pollini – Chamber Orchestra of Europe 1984

Maometto II. June Anderson, Laurence Dale, Samuel Ramey/Claudio Scimone – Philharmonia Orchestra London 1983

Semiramide. Joan Sutherland, Marilyn Horne, Spiro Malas/Richard Bonynge – London Symphony Orchestra 1966

Il viaggio a Reims. Katia Ricciarelli, Lucia Valentini Terrani, Francisco Araiza, Ruggero Raimondi/Claudio Abbado – The Chamber Orchestra of Europe 1983

Le siège de Corinthe (L'assedio di Corinto). Beverly Sills, Shirley Verrett, Robert Lloyd/Thomas Schippers – London Symphony Orchestra 1969

Moïse et Pharaon (Mosè). József Gregor, Magda Kalmár, Julia Hamari/Lamberto Gardelli – Orchester der Ungarischen Oper Budapest 1982

Le Comte Ory. Michel Sénéchal, Françoise Ogéas, Robert Massard/Désirée-

Émile Inghelbrecht – Orchestre Lyrique de l'ORTF Paris 1959; John Aler, Sumi Jo, Diana Montague/John Eliot Gardiner – Orchestre de l'Opéra de Lyon 1989 *Guillaume Tell* (*Guglielmo Tell*). Montserrat Caballé, Gabriel Bacquier, Nicolai Gedda/Lamberto Gardelli – Royal Philharmonic Orchestra London, französisch 1973; Mirella Freni, Sherill Milnes, Luciano Pavarotti/Riccardo Chailly – Philharmonia Orchestra London, italienisch 1979

Andere Werke

Edipo a Colono. Nicola Ghiuselev (Baß), Ambrosian Singers, Philharmonia Orchestra (Claudio Scimone)
Ouvertüren. Gesamtaufnahme: Neville Marriner/Academy of St. Martin-in-the-Fields. Verschiedene Ouvertüren: Arturo Toscanini/NBC Symphony Orchestra; George Szell/Cleveland Orchestra; Carlo Maria Giulini/Philharmonia Orchestra; Riccardo Muti/Philharmonia Orchestra; Leonard Bernstein/New York Philharmonic Orchestra; Igor Markevitch/Orchestre National de la RTF; Herbert von Karajan/Philharmonia Orchestra; Claudio Abbado/The Chamber Orchestra of Europe
Messa di Gloria. Rinaldi, Gunson, Benelli, Bastin (Herbert Handt/BBC Singers/English Chamber Orchestra)
Stabat mater. Ricciarelli, Valentini Terrani, Gonzales, Raimondi (Carlo Maria Giulini/Philhamonia Orchestra und Chor); Lorengar, Minton, Pavarotti, Sotin (Istvan Kertész/London Symphony Orchestra und Chor)
Petite Messe solennelle. Lövaas, Faßbaender, Schreier, Fischer-Dieskau, Münchner Vokalsolisten (Wolfgang Sawallisch); Freni, Valentini Terrani, Pavarotti, Raimondi, Coro polifonico del Teatro alla Scala (Romano Gandolfi)
Sonaten für Streicher. Camerata Bern (Thomas Füri); Academy of St. Martin-in-the-Fields (Neville Marriner)
Kantate Giovanna d'Arco und Lieder. Marilyn Horne (Mezzosopran), Martin Katz (Klavier)
Soirées musicales. Renata Scotto u. a. (Gesang), Antonio Beltrami (Klavier); Christine Baumann (Sopran), Michael Baumann (Klavier)
Ausgewählte Klavierstücke. Bruno Canino (*Petit Caprice, Un Train de Plaisir* u. a.); Aldo Ciccolini (*Un Train de Plaisir, Ouf! Les Petits Pois* u. a.); Dino Ciani (*Album de Chaumière, Album de Château*); Jenö Jandó (Rossini–Liszt *Soirées musicales*)

Historische Gesangsaufnahmen

Die Zahl der einzelnen Gesangsnummern ist unübersehbar. Es sollen hier nur ein paar Aufnahmen genannt werden, die herausragende Zeugnisse der Rossini-Interpretation und darüber hinaus Dokumente zur Geschichte der Gesangskunst darstellen. Ursprünglich Schellackplatten, sind sie heute auf modernen Tonträgern (Langspielplatten, Musikkassette oder Compact Disc) verfügbar.

Es waren verhältnismäßig wenige – und dann vielfach dieselben – Titel, die in der Frühzeit der Schallplatte aufgenommen wurden. Das entsprach der allgemeinen Popularität. Betrachtet man die quantitative Seite, so liegt der *Barbiere di Siviglia* bei weitem an der Spitze, gefolgt von Stücken aus *Guillaume Tell* sowie einzelnen Arien, Duetten und Ensembles aus *La Cenerentola, Semiramide* und wenigen anderen Werken. Es würde zu weit führen, hier alle Favoritstücke des Rossini-Gesangs auf Schallplatte aufzuzählen. Nur wenige wichtige seien als historische Marksteine genannt: Wer etwa einige alte Aufnahmen der Cavatina des Figaro *Largo al factotum* vergleicht – zunächst mit Titta Ruffo (1906, 1912 und 1920), Giuseppe de Luca (1907 und 1917), Pasquale Amato (1911), dann mit den großen Figaro-Darstellern der zwanziger Jahre, Riccardo Stracciari und Lawrence Tibbet, und schließlich mit Gino Becchi und dem jungen Tito Gobbi aus den Vierzigern –, erhält einen Eindruck von den vielfältigen Möglichkeiten, die Rossinis Musik den Interpreten erlaubt. Bei jedem dieser Sänger sind Tonfall und Charakter in einer jeweils modifizierten Mischung aus rasantem Parlando, sicherer Koloratur und agilem Rollenspiel individuell ausgeprägt. Dasselbe gilt für Rosinas Cavatina *Una voce poco fa*, mit der nahezu alle Primadonnen, die überhaupt Schallplatten besungen haben, ihre Visitenkarte in exquisiter Gesangstechnik und darstellerischem Witz abgelegt haben. Höhepunkte aus der Frühzeit der Platte sind Luisa Tetrazzini (um 1904), Josephina Huguet (1906), Hedwig Francillo-Kauffmann (1908), Aida Gonzaga (1909), Selma Kurz (1911), Melitta Heim (1914), Maria Ivogün (1916), aus der folgenden Generation Toti dal Monte (1924), Conchita Supervia (1927) und Erna Berger (1932), aus der Nachkriegszeit vor allem Maria Callas, Victoria de los Angeles und die Mezzosopranistin Ebe Stignani.

Almavivas Arie *Ecco ridente il cielo* wurde nie mit klareren Koloraturen als von Hermann Jadlowker (1908) und wohl kaum mit verführerischerem Timbre als von Tito Schipa (1916 und 1926) gesungen; für die Serenade *Se il mio nome* bezeichnen Dino Borgioli und Giacomo Lauri-Volpi Höhepunkte, wie sie (soweit ich sehe) später nicht wieder erreicht wurden. Unter den Bassisten mit der *Calunnia*-Arie sind Adam Didur (ca. 1907), Marcel Journet (1925), Tancredi Pasero (1927), Feodor Schaljapin (1926) und Alexander Kipnis (1931) hervorzuheben, in der Nachkriegszeit Boris Christoff und Cesare Siepi.

Die bedeutendsten Aufnahmen von Stücken aus *Guillaume Tell* sind: Tells Arie *Sois immobile/Resta immobile* mit Mattia Battistini (1912), Leopold Demuth (1903), John Forsell (1907), Benvenuto Franci (1929) und Gino Becchi (vierziger Jahre); Aroldos *Asile héréditaire/O muto asil del pianto* mit Francesco Tamagno (1903/04), Léonce-Antoine Escalaïs (1905), Giovanni Martinelli (1923), John O'Sullivan (um 1920), Georges Thill (1935) und Francesco Merli (späte zwanziger Jahre); Mathildes *Selva opaca* mit Grete Forst (1907), Giannina Russ (ca. 1914) und Toti dal Monte (1924). Unter den Ensembleaufnahmen verdient ein Abschnitt aus dem Finale mit Sängern der Wiener Hofoper (darunter Grete Forst, Leo Slezak und Friedrich Weidemann) aus dem Jahre 1907 besondere Beachtung – und sei es nur als seltenes Zeugnis aus der Ära Gustav Mahlers. Neben der *Semiramide*-Arie *Bel raggio lusinghier* mit Regina Pacini (1906) und Amelita Galli-Curci (1924) sind besonders die *Cenerentola*- und *Italiana*-Arien mit Conchita Supervia als Dokumente der Rossini-Renaissance zu nennen und schließlich, als Raritäten besonderer Art, die Aufnahmen des *Crucifixus* aus der *Petite Messe solennelle* einerseits durch den letzten italienischen Kastraten, Alessandro Moreschi (1904), und andererseits von Enrico Caruso (zusammen mit dem *Domine Deus* seine letzte Aufnahme, 16. September 1920). – Wer sich eingehender mit der Geschichte des Rossini-Gesangs beschäftigen möchte, sei wiederum auf das Standardwerk von JÜRGEN KESTING (siehe Bibliographie) verwiesen.

Namenregister

Die kursiv gesetzten Zahlen bezeichnen die Abbildungen

Abbado, Claudio 7, 127
d'Agoult, Marie *80*
d'Amico, Fedele 47
Aristoteles 61
Auber, Daniel-François-
   Esprit 106
Aulenti, Gae 127

Babini, Matteo 18
Baccaloni, Salvatore *63*
Bach, Johann Sebastian 53,
   97 f, 102 f, 109
Balzac, Honoré de 29, 71, 75
Barbaja, Domenico 24, 28,
   28
Beaumarchais, Pierre Augu-
   stin Caron de 58, 60 f, 66,
   68, *59*
Beethoven, Ludwig van 8,
   18, 20, 25, 49, 53, 94, 124
Bellini, Vincenzo 72, 85, 92,
   96, 114, 122, *113*
Berg, Alban 20
Berganza, Teresa 39
Berlioz, Hector 94
Bottesini, Giovanni 122
Brahms, Johannes 94
Britten, Benjamin 123
Bruckner, Anton 94, 121
Bruscantini, Sesto 127
Busch, Fritz 126
Busoni, Ferruccio 36

Caccini, Giulio 92
Callas, Maria 39, 127
Canova, Antonio 8
Casella, Alfredo 20, 123, 125
Castelnuovo-Tedesco, Ma-
   rio 123
Cherubini, Luigi 94, 117
Chopin, Frédéric 121 f
Cimarosa, Domenico 8, 45,
   58, 62, *46*
Clementi, Muzio 121
Coccia, Carlo 45, 118

Cocteau, Jean 111
Colbran, Isabella s. u. Isa-
   bella Rossini
Czerny, Carl 120

Dahlhaus, Carl 53
Dante Alighieri 38, 75, 117
Dante, Michelangelo 51
Da Ponte, Lorenzo 60
Daumier, Honoré 124
Davide, Giovanni 24
Diaghilew, Serge 123
Dittrich, Paul-Heinz 124
Donizetti, Gaetano 43, 49,
   66, 92, 95, 114, 122, *50*
Doré, Gustave 115
Dufay, Guillaume 92
Dumas, Alexandre *80*
Duprez, Gilbert-Louis 85,
   86
Dvořák, Antonín 94

Ebert, Carl 126
Eckermann, Johann Peter
   70, 86
Ernst, Heinrich Wilhelm 121

Fellini, Federico 124
Fétis, François-Joseph 104
Filippi, Filippo 92
Fioravanti, Valentino 45
Fodor-Mainville, José-
   phine *65*
Franci, Benvenuto *63*
Fränkl, Ferdinand 124

Gafforini, Elisabetta 25
García, Manuel 25, 38, *65*
Gatti, Guido M. 126
Gavazzeni, Gianandrea 127
Gelinek, Joseph Abbé 120
Generali, Pietro 45
Giraldi, Giambattista 38
Giuliani, Mauro 120
Giulini, Carlo Maria 127

Gluck, Christoph Willibald
   20, 92
Goethe, Johann Wolfgang
   von 17, 23, 41, 44, 70 f, 94
Goldoni, Carlo 9, 35, 66, *67*
Gossett, Philip 10, 127
Gounod, Charles 97
Gui, Vittorio 126

Händel, Georg Friedrich 20,
   102
Hanslick, Eduard 82, 105,
   109
Hauff, Wilhelm 124
Haydn, Joseph 17, 20, 35,
   74, 94
Hayez, Francesco 90
Heine, Heinrich 8, 10, 51,
   53, 77, 100, 102 f, *100*
Hérold, Louis-Joseph-Ferdi-
   nand 124
Herz, Henri 121
Hidalgo, Elvira de 39
Hiller, Ferdinand 9
Hindemith, Paul 20
Hoffmann, Ernst Theodor
   Amadeus 103
Hofmannsthal, Hugo von 41
Hogarth, William 41
Horne, Marylin 7, 39, 128, *43*
Hugo, Victor *80*

Jacopone da Todi 98
Jommelli, Niccolò 48
Joyce, James 85

Karl X., König von Frank-
   reich 79
Kessler, Harry Graf 41
Kesting, Jürgen 41
Kiesewetter, Raphael
   Georg 53
Klopstock, Friedrich Gott-
   lieb 98
Körner, Theodor 52

Kuhlau, Friedrich 121
Kunze, Stefan 10

Leo, Leonardo 62
Leoncavallo, Ruggiero 125
Lichtenberg, Georg Christoph 14, 41
Lind, Jenny 41
Lippmann, Friedrich 10
Liszt, Franz 94, 97, 107, 121f, *80, 120*
Lortzing, Albert 123

Machiavelli, Niccolò 75
Malerbi, Don Giuseppe 17
Malibran, Maria 25
Malipiero, Gianfrancesco 125
Manzoni, Alessandro 82, 118
Marcello, Benedetto 92
Marchesi, Mathilde 38, 41
Marcolini, Marietta 25
Marinetti, Filippo Tommaso 46
Martini, Giambattista 19, 97
Martinů, Bohuslav 123
Mascagni, Pietro 125
Mattei, Stanislao 19f, *19*
Mayr (Mair), Simon 45, 95
Mazères, Edmond 124
Mendelssohn Bartholdy, Felix 17, 88, 94, 97, 102f, 109, 122, *101*
Mercadante, Saverio 92
Metastasio, Pietro 34, 78
Metternich, Klemens Fürst von 8
Meyerbeer, Giacomo 72, 106, 114
Michelangelo Buonarroti 8, 110, 117
Michotte, Édmond 9
Monte, Toti dal *63*
Mosca, Giuseppe 45, 49
Mosca, Luigi 45
Mozart, Wolfgang Amadé 7f, 17, 19, 20, 32, 35, 49, 62, 96, 114, *113*
Müller, Friedrich von 94

Nadar 10
Napoleon I., Kaiser der Franzosen 8, 14, 58
Nozzari, Andrea 24

Offenbach, Jacques 109
Osborne, Richard 10

Paër, Ferdinando 45, 49
Paganini, Niccolò 121f, *80, 121*
Paisiello, Giovanni 8, 58f, 64, 66f, 118, *58*

Palestrina, Giovanni Pierluigi da 92, 97f, 103
Pasta, Giuditta 39, 43, *44*
Paulus 106
Pélissier, Olympe s. u. Olympe Rossini
Pellegrini, Felice *65*
Pergolesi, Giovanni Battista 62, 92, 99
Peri, Iacopo 92
Petrosellini, Giuseppe 60
Pfitzner, Hans 35
Piccinni, Niccolò 35, 62
Pius IX., Papst 106
Ponnelle, Jean-Pierre 127
Pratella, Francesco Balilla 46
Puccini, Giacomo 7, 125

Radiciotti, Giuseppe 10
Raffael 8
Raimondi, Pietro 95
Rauchenecker, H. 124
Reichardt, Johann Friedrich 48
Rennert, Günther 127
Respighi, Ottorino 123
Righetti-Giorgi, Geltrude 46, *47*
Rognoni, Luigi 10
Roncaglia, Gino 10
Ronconi, Luca 128
Rosen, David 10
Rossi, Gaetano 23
Rossini, Anna 14, 17, 22, *15*
Rossini, Giuseppe 14, 17, 22, *15*
Rossini, Isabella 25, 33, 87, *24*
Rossini, Olympe 87, 89, 115
Rubini, Giovanni Battista 85, *36*

Saint-Saëns, Camille 82
Sand, George *80*
Sanzogno, Nino 127
Sarti, Giuseppe 58
Satie, Erik 107, 108
Scarlatti, Alessandro 62, 103
Schaljapin, Feodor *63*
Schiller, Friedrich 38, 75
Schipa, Tito *63*
Schönberg, Arnold 20, 121
Schopenhauer, Arthur 104
Schubert, Franz 48, 97, 122
Schütz, Heinrich 103
Schumann, Robert 100, 122

Scott, Sir Walter 49
Scribe, Eugène 124
Serafin, Tullio 127
Shakespeare, William 37f, 44
Sills, Beverly *43*
Simionato, Giulietta 127
Sophokles 97
Spontini, Gaspare 122
Staël-Holstein, Anne-Louise-Germaine Baronne de 81
Starke, Friedrich 120
Stendhal (Henri Beyle) 8, 9f, 14, 25, 30f, 45, 103, *9*
Sterbini, Cesare 60f, 66
Strauß, Johann 108
Strawinsky, Igor 13, 104, 123
Supervia, Conchita 125
Sutherland, Joan 128

Tadolini, Giovanni 98
Tasso, Torquato 23
Tesei, Angelo 18
Thalberg, Sigismund 121
Thomas, Ambroise 106
Tieck, Ludwig 35, 48
Triossi, Agostino 17, 18

Velluti, Giovanni Battista 33, 39
Verdi, Giuseppe 7, 38, 49, 72, 75, 85, 92, 94, 106, 114, 116f, 125, 126, *117*
Viganò, Salvatore 31, 124
Vinci, Leonardo 62
Visconti, Luchino 127
Voltaire (François-Marie Arouet) 8, 23, 38

Wagner, Richard 8, 9, 11, 35, 49, 52, 72, 91, 92, 100, 114, 122, *52*
Weber, Carl Maria von 89, 103, 124
Weber, Max Maria von 107
Weinstock, Herbert 10, 116
Werfel, Franz 114
Wolf-Ferrari, Ermanno 125
Wolfskehl, Karl 126

Zamboni, Luigi 19
Zedda, Alberto 10, 127
Zeffirelli, Franco 127
Zeno, Apostolo 34
Zingarelli, Nicola Antonio 45

Über den Autor

Volker Scherliess, geboren am 26. März 1945, studierte Musikwissenschaft, Kunstgeschichte und Philosophie in Hamburg und Florenz. 1971 Promotion. 1972 bis 1976 Mitarbeiter der Musikgeschichtlichen Abteilung des Deutschen Historischen Instituts in Rom. 1977 bis 1979 Assistent an der Universität Tübingen. 1979 bis 1991 Professor für Musikwissenschaft an der Staatlichen Hochschule für Musik Trossingen, seit 1991 an der Musikhochschule Lübeck.

Veröffentlichungen vor allem zur musikalischen Ikonographie und zur Musik des 20. Jahrhunderts, darunter «Musikalische Noten auf Kunstwerken der italienischen Renaissance bis zum Anfang des 17. Jahrhunderts», Hamburg 1972; «Alban Berg», Reinbek 1975 (rowohlts monographien Bd. 225, Übersetzungen ins Italienische, Japanische und Schwedische); «Igor Strawinsky, Le Sacre du Printemps», München 1982 (Meisterwerke der Musik 35); «Igor Strawinsky und seine Zeit», Laaber 1983.

Quellennachweis der Abbildungen

Sammlung Professor Edward T. Cone, Princeton: 6
Archiv für Kunst und Geschichte, Berlin: 9
Neue Pinakothek, München: 24
Museo Teatrale alla Scala, Mailand: 27, 50, 54, 76
Aus: Richard Osborne: Rossini. München 1986: 28
Aus: Die Musik in Geschichte und Gegenwart. Artikel Rossini. München 1989: 37
Teatro alla Scala, Mailand: 43 (Foto: Erio Piccagliani)
Protomoteca Capitolina, Rom: 46
Fotoarchiv Mondadori, Mailand: 63
Aus: Nicholas Till: Rossini, his Life and Times. New York 1983: 70
Nationalgalerie, Staatliche Museen Preußischer Kulturbesitz, Berlin: 80
    (Foto: Jörg P. Anders, Berlin)
Musées du Louvre, Paris: 87
Pinacoteca Ambrosiana, Mailand: 90
Pinacoteca della Brera, Mailand: 93
Aus: Horst Janssen: Die Kopie. Hg. von Gerhard Schack. Hamburg 1977:
    100 (© St. Gertrude Verlag)
Sammlung Hans Bolliger, Zürich: 112
Aus: Gino Roncaglia: Rossini l'olimpico. Mailand ^{2}1953: 113 o.
Alinari, Florenz: 116
Mit freundlicher Genehmigung der Universal Edition AG Wien: 119

Alle anderen Vorlagen stellte der Verfasser zur Verfügung.